Würzburger Beiträge zur Designforschung

Reihe herausgegeben von

Gerhard Schweppenhäuser, Technische Hochschule Würzburg-Schweinfurt, Würzburg, Deutschland

Judith-Frederike Popp, Fakultät Gestaltung, Technische Hochschule Würzburg-Schweinfurt, Würzburg, Deutschland

Christian Bauer, Hochschule der Bildenden Künste Saar, Saarbrücken, Deutschland

Die Würzburger Beiträge zur Designforschung stellen ausgewählte Forschungsarbeiten im Kontext des Masterstudiengangs „Design und Information" der Fakultät Gestaltung der Technischen Hochschule Würzburg-Schweinfurt vor. Schwerpunkt ist visuelle Bildung in verschiedenen Bereichen der Vermittlung von Informationen – Aufklärung, Instruktion und Orientierung in einer multimedialen Lebens- und Arbeitswelt. Designforschung heißt dabei sowohl Forschung über Design als auch Forschung mit und durch Design.

Die Bücher der Reihe sind Sammelbände mit ausgewählten Beiträgen von AbsolventInnen sowie jeweils einem Gastbeitrag, aber auch Textsammlungen einzelner Autorinnen und Autoren oder monografische Studien.

Gestalterisch-wissenschaftlicher Beirat: Prof. Dr. Thomas Friedrich (Hochschule Mannheim), Prof. Carl Frech, Prof. Gertrud Nolte und Prof. Erich Schöls (Technische Hochschule Würzburg-Schweinfurt)

Weitere Bände in der Reihe https://link.springer.com/bookseries/15981

Gerhard Schweppenhäuser ·
Judith-Frederike Popp · Christian Bauer
(Hrsg.)

Ambivalenzen der Optimierung

Springer VS

Hrsg.
Gerhard Schweppenhäuser
Fakultät Gestaltung, Technische
Hochschule Würzburg-Schweinfurt
Würzburg, Deutschland

Judith-Frederike Popp
Fakultät Gestaltung, Technische
Hochschule Würzburg-Schweinfurt
Würzburg, Deutschland

Christian Bauer
Hochschule der Bildenden Künste Saar
Saarbrücken, Deutschland

ISSN 2523-8787   ISSN 2523-8795 (electronic)
Würzburger Beiträge zur Designforschung
ISBN 978-3-658-36164-8   ISBN 978-3-658-36165-5 (eBook)
https://doi.org/10.1007/978-3-658-36165-5

Die Deutsche Nationalbibliothek verzeichnet diese Publikation in der Deutschen Nationalbibliografie; detaillierte bibliografische Daten sind im Internet über http://dnb.d-nb.de abrufbar.

Lektorat: Stefanie Eggert
Springer VS ist ein Imprint der eingetragenen Gesellschaft Springer Fachmedien Wiesbaden GmbH und ist ein Teil von Springer Nature.
Die Anschrift der Gesellschaft ist: Abraham-Lincoln-Str. 46, 65189 Wiesbaden, Germany

Inhaltsverzeichnis

Vorbemerkung der Herausgeberin und der Herausgeber 1
Judith-Frederike Popp, Gerhard Schweppenhäuser und
Christian Bauer

**„Die Bemühung, sich vollkommener zu machen": Ambivalenzen
der Optimierung** 5
Gerhard Schweppenhäuser

Biospekulatives Design. Die Konstruierbarkeit des Menschen 17
Anne Matlok

**Systemdialog – Entdeckung neuer Informationsräume
durch digitale Begleiter** 53
Tobias Rachl

Design durch, für und über ethisches Denken 89
Luisa Wolf

Dialektisches Denken und Design 117
Daniel Martin Feige

Herausgeber- und Autorenverzeichnis

Über die Herausgeber

Gerhard Schweppenhäuser, Prof. Dr. phil. habil., lehrt Design- und Medientheorie an der Fakultät Gestaltung der Technischen Hochschule Würzburg-Schweinfurt und Philosophie am Institut für Philosophie der Universität Kassel. Neuere Bücher: *Grundbegriffe der Ethik* (Ditzigen: Reclam, 2021); *Adorno und die Folgen* (Stuttgart: Metzger, 2021); *Design, Philosophie und Medien. Perspektiven einer kritischen Entwurfs- und Gestaltungstheorie* (Wiesbaden: Springer VS, 2019); *Revisionen des Realismus. Zwischen Sozialporträt und Profilbild* (Stuttgart: Metzler, 2018); *Handbuch der Medienphilosophie* (Hrsg., Darmstadt: Wissenschaftliche Buchgesellschaft, 2018); *Bildsemiotik. Grundlagen und exemplarische Analysen visueller Kommunikation* (mit Thomas Friedrich, Basel: Birkhäuser, 2. Aufl. 2017); *„Kulturindustrie": Theoretische und empirische Annäherungen an einen populären Begriff,* (Hrsg. mit Martin Niederauer, Wiesbaden: Springer VS, 2017); *Medien: Theorie und Geschichte für Designer* (Stuttgart: AV edition, 2016); *Designtheorie* (Wiesbaden: Springer VS, 2016).

Judith-Frederike Popp, Dr. phil., ist Wissenschaftliche Mitarbeiterin an der Fakultät Gestaltung der Technischen Hochschule Würzburg-Schweinfurt. Neuere Veröffentlichungen: Die Kunst der Vermittlung. Offenes als ästhetisches Denken bei Bernhard Waldenfels (in: *Zwischen Phänomenologie und Psychoanalyse. Im interdisziplinären Gespräch mit Bernhard Waldenfels,* hrsg. v. Barbara Schellhammer, Baden-Baden: Nomos, 2021); Vom Schauen und Erschaffen, vom Nutzen und Entwerfen. Das Zusammenspiel von Produktion und Rezeption in Kunst und Design (in: *Zeitschrift für Ästhetik und Allgemeine Kunstwissenschaft*

65/2, 2020); *Irrationalität als Wagnis. Philosophische Theorie und psycho-analytische Praxis* (Weilerswist: Velbrück, 2019); Von der Kunst sich fremd werden zu können. Der ästhetische Standpunkt als Korrektiv praktischer Vernünftigkeit (in: *Zeitschrift für Ästhetik und Allgemeine Kunstwissenschaft* 63/2, 2018); *Gesetz und Gewalt im Kino* (Hg. mit Angela Keppler u. Martin Seel (Frankfurt/M.: Campus, 2015).

Christian Bauer, Prof. Dr. phil., lehrt Designgeschichte und Designtheorie an der Hochschule der Bildenden Künste Saar in Saarbrücken, deren Rektor er ist. Neuere Veröffentlichungen: Ethik für Designer (Stuttgart: AV Edition 2022), The Varieties of Goodness or How Meta-Ethicists Recognize Good Graphic Design (in: Graphic Design Is (…) Not Innocent. Scrutinizing Visual Communication Today, ed. by Ingo Offermanns, Amsterdam: Valiz 2022), Schädliches Design. Demoralisierende Designtheorie? (in: Wie können wir den Schaden maximieren? Gestaltung trotz Komplexität, hg. v. Christoph Rodatz u. Pierre Smolarksi, Bielefeld: transcript 2021); Informationstheorie für Designer (Stuttgart: AV Edition 2018). Mit Gerhard Schweppenhäuser: Ethik im Kommunikationsdesign. Verständigung, Verantwortung und Orientierung als Kriterien visueller Gestaltung (Würzburg: Königshausen & Neumann 2017).

Autorenverzeichnis

Prof. Dr. phil. Christian Bauer Hochschule der Bildenden Künste Saar, Saarbrücken, Deutschland

Prof. Dr. phil. habil. Daniel Martin Feige Staatliche Akademie der Bildenden Künste Stuttgart, Stuttgart, Deutschland

Anne Matlok, M.A Flaechenbrand GmbH, Packaging Design/Creative, Hamburg, Deutschland

Dr. phil. Judith-Frederike Popp Technische Hochschule Würzburg-Schweinfurt, Würzburg, Deutschland

Tobias Rachl, M.A FoxInsights GmbH, München, Deutschland

Prof. Dr. phil. habil. Gerhard Schweppenhäuser Technische Hochschule Würzburg-Schweinfurt, Würzburg, Deutschland

Luisa Wolf, M.A Hamburg, Deutschland

Vorbemerkung der Herausgeberin und der Herausgeber

Judith-Frederike Popp, Gerhard Schweppenhäuser und Christian Bauer

Innovation, Wachstum und Optimierung sind mittlerweile zur normativen Grundlage des Designs, der Technologie und der Wirtschaft geworden – und darüber hinaus auch zur normativen Grundlage diverser Horizontsetzungen im Bereich von Gesellschaft und der Kultur. Unter dem Vorzeichen der Digitalisierung laufen allerorten ungeheure Wandlungsprozesse ab. Es zeichnen sich neue Optima ab, in denen Subjekte zum integralen Bestandteil entgrenzter Netzwerkstrukturen werden. Die drei Beiträge des vorliegenden Bandes, die jeweils komprimierte Zusammenfassungen der Master-Thesis der Autorinnen und des Autors an der Fakultät Gestaltung in Würzburg sind, gehen unterschiedlichen Aspekten dieser Entwicklung mit wissenschaftlichen und gestalterischen Methoden nach.

Zuvor ruft ein begriffsgeschichtlicher Rückblick von Gerhard Schweppenhäuser, gleichsam als Auftakt, in Erinnerung, wie umfassend, ja substantiell das Konzept der innovations- und wachstumsorientierten Optimierung für das Verständnis vom Menschen und von Gestaltung geworden ist. Als ergebnisoffenes Konzept bildet das Motiv der Optimierung eine stetige treibende Kraft der Moderne. Deren Turbulenzen sowie die Orientierungs-

J.-F. Popp (✉) · G. Schweppenhäuser
Technische Hochschule Würzburg-Schweinfurt, Würzburg, Deutschland
E-Mail: judith-frederike.popp@fhws.de

G. Schweppenhäuser
E-Mail: gerhard.schweppenhaeuser@fhws.de

C. Bauer
Hochschule der Bildenden Künste Saar, Saarbrücken, Deutschland
E-Mail: c.bauer@hbksaar.de

probleme der postmodernen Gegenwart könnten darauf zurückzuführen sein, dass jenem Motiv eine Ziel- und Zweckbestimmung ermangelt. – Ideengeschichtliche Reflexionen dieser Art sind fester Bestandteil der wissenschaftlichen Lehre im Masterstudiengang Informationsdesign an der Fakultät Gestaltung in Würzburg.

Anne Matlok setzt sich in ihrem Beitrag *Biospekulatives Design. Die Konstruierbarkeit des Menschen* mit einem hochsensiblen Bereich zeitgenössischer Optimierungstendenzen auseinander: mit den Versuchen der biologisch-medizinischen Optimierung des Menschen selbst. Ausgangspunkt ihrer praktischen Designarbeit ist die Beobachtung, dass die Wissenschaften immer mehr Eingriffe in den menschlichen Organismus möglich machen, die menschlichen Individuen und Gemeinschaften diesen rasant wachsenden Optionen sowie ihren weitreichenden ethischen Implikationen jedoch immer wieder ohnmächtig gegenüber stehen. Matlok arbeitet heraus, dass dafür eine tiefgreifende Spannung zwischen „fortschrittlichen Erwartungen" und einem Bedürfnis nach „Sicherheit und Stabilität" verantwortlich ist. Hier eröffnet sich nun ein zentraler Einsatzpunkt für Design, und zwar für das sogenannte Biospekulative Design im Besonderen: Anhand ihres gestalterischen Buchprojekts zeigt Matlok performativ auf, wie die Methoden einer wissenschaftlich fundierten und gleichzeitig narrativ wie visuell anschaulichen Spekulation eingesetzt werden können, um Wissenschaft und Gesellschaft mit Blick auf die Möglichkeiten, aber auch möglichen Gefahren, der Zukunft in Sichtnähe zueinander zu bringen. Auf diese Weise können die erwähnten Spannungen nicht völlig aufgelöst, aber in einem immer wieder neu aktualisierten Dialog aufgehoben und verhandelt werden. Optimierung kann dabei nicht mehr allein als fixes Ziel, sondern als diskursiver Prüfstein von technischen Fortschrittsphantasien in den Blick genommen werden.

In den eingangs erwähnten Strukturen entgrenzter Netzwerke wird Intelligenz auf menschliche wie außermenschliche Akteur:innen verteilt. Gradmesser für die Intelligenz derartiger Systeme ist die Fähigkeit, sich durch die Analyse gesammelter Daten immer weiter selbst zu optimieren und Menschen in ihrer Interaktionsfähigkeit zu unterstützen.

In der Designausbildung an der Fakultät Gestaltung in Würzburg wird darauf reflektiert, die Rechnung mit den Algorithmen nicht ohne den Wirt – die Menschen – zu machen. Im Rahmen seiner Arbeit *Systemdialog* hat Tobias Rachl einen Ansatz entwickelt, um „die Momente der Begegnung zwischen Mensch und Maschine" neu zu vermessen. Die designerische Leistung besteht in der Transformation einer Maschine in einen digitalen Akteur, der auf künstlicher Intelligenz bzw. *machine-learning*-Prinzipien beruht. Der Abgrund zwischen Mensch und Maschine wird geschickt überbrückt, wobei einstweilen die Frage offen bleibt, ob es „Intelligenz […] nur offline gibt", wie Harald Welzer (2016,

S. 288) apostrophiert, oder ob im Gegensatz dazu der phylogenetische Prozess darauf hinausläuft, dass Gehirnleistung in immer stärkeren Maße auf Maschinen übertragen wird, wie Hans Moravec es 1988 in *Mind Children* vorausgesehen hat.

Im Beitrag von Luisa Wolf wird ein Hilfsmittel vorgestellt, das Designer:innen dabei unterstützen kann, moralphilosophische Implikationen ihrer Tätigkeit zu explizieren und ethische Reflexion in ihre Entwurfsprozesse zu integrieren. Dass die Designprofession mit einer speziellen sozialen Verantwortung einhergeht, ist im Allgemeinen unbestritten. Doch die Entscheidung, welche besonderen Intersektionen von Gestaltung und philosophischer Reflexion auf Moralität und Sittlichkeit beim jeweiligen Designprojekt in den Blick zu nehmen sind, erfordert Sach- und Detailkenntnis. Luisa Wolfs Toolkit leistet bei der Beschreibung, der Analyse und der Kategorisierung designrelevanter ethischer Argumentationen und Modelle erhebliche Hilfestellung. Angesichts der Herausforderungen einer bisweilen bestimmungslos wirkenden Optimierungsbeschleunigung ist eine Handreichung zur „angewandten Ethik im Design, welche auf fortlaufende Ergänzungen" angelegt ist, ein vielversprechender Ansatz. Er kann dazu beitragen, sich als gestaltendes Individuum und im Team darüber klar zu werden, was eigentlich die ‚guten Zwecke' sein könnten, von denen Immanuel Kant zu Beginn des 19. Jahrhunderts in seinen Vorlesungen über Pädagogik gesprochen hat: diejenigen, „die nothwendigerweise von Jedermann gebilligt werden, und die auch zu gleicher Zeit Jedermanns Zwecke sein können" (Kant 1803, S. 450).

Daniel Martin Feige zeigt in seinem Gastbeitrag mit Georg Wilhelm Friedrich Hegel und Theodor W. Adorno, dass dialektische Kritik auch im Kontext des designtheoretischen Diskurses eine Form der immanenten Kritik zu sein hat. Feige diskutiert aktuelle Debatten über partizipatives und engagiertes Design. Er spitzt seine Überlegungen mit Blick auf Aspekte des Politischen und des Ethischen im Design in der Frage zu, „ob nicht Design *insgesamt* ideologisch sein könnte". Seine Antwort lautet, dass dialektisches Denken (d. h. für ihn: bewegtes und bewegliches Denken) dazu imstande sei, „die Ambivalenz des Designs zu würdigen – als Medium der Emanzipation wie als Gefahr der Entmündigung und falschen Verdinglichung".

Literatur

Kant, I. (1803). Über Pädagogik. In: Kant's Gesammelte Schriften, hrsg. von der Königlich Preußischen Akademie der Wissenschaften (Bd. IX, S. 437–499). Berlin und Leipzig.

Moravec, H. (1988). *Mind children. The future of robot and human intelligence.* Cambridge, Mass.

Welzer, H. (2016). *Die smarte Diktatur. Der Angriff auf unsere Freiheit.* Frankfurt/M.

Judith-Frederike Popp, Dr. phil., ist Wissenschaftliche Mitarbeiterin (Post-Doc) an der Fakultät Gestaltung der Hochschule für angewandte Wissenschaften in Würzburg. Neuere Veröffentlichungen: Die Kunst der Vermittlung. Offenes als ästhetisches Denken bei Bernhard Waldenfels (in: *Zwischen Phänomenologie und Psychoanalyse. Im interdisziplinären Gespräch mit Bernhard Waldenfels*, hrsg. v. Barbara Schellhammer, Baden-Baden: Nomos, 2021); Vom Schauen und Erschaffen, vom Nutzen und Entwerfen. Das Zusammenspiel von Produktion und Rezeption in Kunst und Design (in: *Zeitschrift für Ästhetik und Allgemeine Kunstwissenschaft* 65/2, 2020); *Irrationalität als Wagnis. Philosophische Theorie und psychoanalytische Praxis* (Weilerswist: Velbrück, 2019); Von der Kunst sich fremd werden zu können. Der ästhetische Standpunkt als Korrektiv praktischer Vernünftigkeit (in: *Zeitschrift für Ästhetik und Allgemeine Kunstwissenschaft* 63/2, 2018); *Gesetz und Gewalt im Kino* (Hg. mit Angela Keppler u. Martin Seel (Frankfurt/M.: Campus, 2015).

Gerhard Schweppenhäuser, Prof. Dr. phil. habil., lehrt Design- und Medientheorie an der Fakultät Gestaltung der Hochschule für angewandte Wissenschaften in Würzburg und Philosophie am Institut für Philosophie der Universität Kassel. Neuere Bücher: *Grundbegriffe der Ethik* (Ditzigen: Reclam, 2021); *Adorno und die Folgen* (Stuttgart: Metzger, 2021); *Design, Philosophie und Medien. Perspektiven einer kritischen Entwurfs- und Gestaltungstheorie* (Wiesbaden: Springer VS, 2019); *Revisionen des Realismus. Zwischen Sozialporträt und Profilbild* (Stuttgart: Metzler, 2018); *Handbuch der Medienphilosophie* (Hrsg., Darmstadt: Wissenschaftliche Buchgesellschaft, 2018); *Bildsemiotik. Grundlagen und exemplarische Analysen visueller Kommunikation* (mit Thomas Friedrich, Basel: Birkhäuser, 2. Aufl. 2017); *„Kulturindustrie": Theoretische und empirische Annäherungen an einen populären Begriff,* (Hrsg. mit Martin Niederauer, Wiesbaden: Springer VS, 2017); *Medien: Theorie und Geschichte für Designer* (Stuttgart: AV edition, 2016); *Designtheorie* (Wiesbaden: Springer VS, 2016).

Christian Bauer, Prof. Dr. phil., lehrt Designgeschichte und Designtheorie an der Hochschule der Bildenden Künste Saar in Saarbrücken, deren Rektor er ist. Neuere Veröffentlichungen: Ethik für Designer (Stuttgart: AV Edition 2022), The Varieties of Goodness or How Meta-Ethicists Recognize Good Graphic Design (in: Graphic Design Is (…) Not Innocent. Scrutinizing Visual Communication Today, ed. by Ingo Offermanns, Amsterdam: Valiz 2022), Schädliches Design. Demoralisierende Designtheorie? (in: Wie können wir den Schaden maximieren? Gestaltung trotz Komplexität, hg. v. Christoph Rodatz u. Pierre Smolarksi, Bielefeld: transcript 2021); Informationstheorie für Designer (Stuttgart: AV Edition 2018). Mit Gerhard Schweppenhäuser: Ethik im Kommunikationsdesign. Verständigung, Verantwortung und Orientierung als Kriterien visueller Gestaltung (Würzburg: Königshausen & Neumann 2017).

„Die Bemühung, sich vollkommener zu machen": Ambivalenzen der Optimierung

Gerhard Schweppenhäuser

Design wird in der Regel als Gestaltung verstanden, die darauf aus ist, ein mögliches Optimum zu verwirklichen: die beste (also die funktionstüchtigste) Dingform, die beste (also die wirkungsvollste) Problemlösung, oder den besten (also den maximal effektiven und konsensfähigen) Prozess. Darüber, dass Design so verstanden werden kann, lässt sich rasch Einigkeit erzielen. Doch gilt das auch für die Frage, was überhaupt ein Optimum ist? Und für die damit verbundene Frage, ob die Finalitäten des Entwerfens, der Modellierung und der Gestaltung von Dingen, Lösungen und Prozessen in einem jeweiligen technologischen Optimum zu sehen sind oder in seinen soziokulturellen Dimensionen?

Es dürfte wohl kaum Dissens darüber geben, dass die technologische Dimension nicht getrennt von der soziokulturellen betrachtet werden darf. Heute tritt indessen ein Aspekt hervor, der in der Philosophie schon seit Langem auf der konzeptuellen Tagesordnung steht, jedoch in den Bereichen der angewandten Wissenschaften und der Designforschung erst allmählich in den Fokus tritt. Die Rede ist vom Aspekt der Naturbasis von Gesellschaft, Kultur und Technik.

Für den radikalen Sozio-Konstruktivismus scheint diese Frage längst beantwortet zu sein – eine solche Naturbasis gibt es ihm zufolge nicht. Auch die Naturbedingungen menschlicher Produktion und Reproduktion sind demnach immer schon von Menschen produziert. Für Manche reicht der Geltungsbereich dieser Annahme so weit, dass es ihnen völlig plausibel erscheint, wenn auch die

G. Schweppenhäuser (✉)
Technische Hochschule Würzburg-Schweinfurt, Würzburg, Deutschland
E-Mail: gerhard.schweppenhaeuser@fhws.de

G. Schweppenhäuser et al. (Hrsg.), *Ambivalenzen der Optimierung*, Würzburger Beiträge zur Designforschung, https://doi.org/10.1007/978-3-658-36165-5_2

binär-polare Ordnung der Zellen in der biologischen Reproduktion der Lebewesen als ein Narrativ aufgefasst wird, das durch und durch menschengemacht
ist und jeglichen Naturfundaments entbehrt. Geschlechtszugehörigkeit kann dann,
je nachdem, als soziokulturelle Fiktion oder als frei wählbare Eigenzuordnung
definiert werden.[1]

Sozialkonstruktivistisches Denken gipfelt in der Vorstellung von der
Menschen-Gemachtheit nicht nur der *naturierten,* sondern auch der
naturierenden Natur (im Sinne Spinozas). Zu ihrem deutlichsten Ausdruck
kommt diese Vorstellung im Denken des Transhumanismus, der zugleich ein
Supranaturalismus ist und damit – sei es ohne Bewusstsein, sei es wider Willen
– eine lange religiöse Tradition fortsetzt. An den Rändern, an denen sich der
zunächst rein akademische Diskurs des Transhumanismus mit Wissenschafts-
und Technologie-Anwendungen und Alltagsdiskursen berührt, sorgt er schon
seit einiger Zeit für erhebliche Unruhe. Sie hat viel Verwirrung gestiftet, bisweilen aber auch produktive Irritationen bewirkt.[2] Modelle des Transhumanismus migrieren nach und nach aus dem fiktionalen in den realisierbaren Bereich
hinüber. Ihre Wanderung ist unterlegt von einer diskursiven Begleitmusik, deren
Leitmotiv die Optimierung ist.

Wohlgemerkt: Gepriesen wird nicht etwa die Maximierung. Die besitzt ja
lediglich noch statistisch-ökonomisches Prestige, wofern sie nicht, angesichts der
unübersehbar verheerenden Folgen von gerade einmal zwei Jahrhunderten der
industriell-kapitalistischen Produktionsweise, gänzlich in Verruf geraten ist. Nein
– als Zielvorstellung gilt die größtmögliche Verbesserung der Lebensbedingungen
und der Lebensqualität der *human race* unter den Bedingungen ihrer technischen
Reproduzierbarkeit.

War in den Avantgarde-Diskursen im ersten Drittel des 20. Jahrhunderts noch
vom *Leben als Kunstwerk* und vom *Übermenschen* die Rede, so sind es im ersten
Drittel des neuen Jahrhunderts Entwürfe eines autonomen Interagierens ver-
netzter Artefakte und Weiterentwicklungen der Vorstellungen von einer „Bastard-
Rasse" der Cyber-Organismen. Die Kulturwissenschaftlerin Donna Haraway
hatte sie gegen Ende des 20. Jahrhunderts als Substitut für ein revolutionäres
gesellschaftliches Subjekt herbeiphantasiert. Doch der Transhumanismus denkt

---

[1] Siehe zur philosophischen Problematik dieser Dimension Türcke (2021).

[2] Als mustergültige Beispiele für die bisweilen unheilvolle Verquickung von Verwirrung
und Anregung sei das transhumanistische Manifest von Raymond Kurzweil (2014)
genannt, in dem Evolutionismus, Fortschritts- und Innovationskult sowie Szientismus,
Futurismus und Ökonomismus publikumswirksam verquickt werden.

nicht mehr revolutionär, sondern wieder evolutionär. In Symbiose mit der selbst-gemachten Technik, allen voran der artifiziellen Rationalität der Denkmaschinen, soll die Menschheit auf dem besten Wege zu ihrer Selbstoptimierung sein – durch Selbststeigerung und Selbstüberschreitung (nicht nur, aber auch im Sinne von Friedrich Nietzsche[3]).

Im Rahmen einer Ausstellung der Hochschule für Gestaltung Schwäbisch Gmünd, die 2020 unter dem Titel *Transhuman Design. Von der Prothetik zum Cyborg* im Museum Ulm gezeigt wurde, ist auf die beiden gewichtigsten Faktoren verwiesen worden, die den Hintergrund für die Überwindungs-bemühungen der Ausstattungsgrenzen menschlicher Biologie bilden: die bellizistische Destruktionsgeschichte des 20. Jahrhunderts und die öko-nomistische Konkurrenz-Gegenwart des 21. Fragen der (Selbst-) Optimierungs-möglichkeiten des Menschen stellen sich im Horizont von technischer Machbarkeit, Vermarktung und Verwertung. Die „digitale Übernahme des menschlichen Körpers"[4] schafft erhebliche Ausgleichs- und Reichweitengewinne, aber selbstverständlich auch (nicht minder erhebliche) moralische Probleme.

Auch für Menschen, die keine Expertinnen und Experten für die Geschichte der abendländischen Philosophie sind, dürfte es von Interesse sein, dass eines der Hauptmotive des Transhumanismus (wenn nicht gar das zentrale Motiv) aus der Überlieferung des verfemten Humanismus stammt. Es ist über die Renaissance und die Aufklärung in das Denken der industriellen Moderne eingewandert und in jener Phase erneut aufgeblüht, in der wir uns derzeit befinden.[5] Die Rede ist vom Motiv der Optimierung.

Ein kurzer begriffsgeschichtlicher Rückblick soll verdeutlichen, wie umfassend, ja substantiell das Konzept der Optimierung für das Verständnis vom

---

[3] Man denke an die unselige Wortmeldung des Design-Philosophen Peter Sloterdijk (1999) zum Thema angewandte Genforschung.

[4] Stefanie Dathe, Direktorin des Museums Ulm, in ihrer Eröffnungsrede am 10. Juli 2020 (https://www.youtube.com/watch?v=0mcZgZWjY2U; Abruf: 26.07.2021). Die Aus-stellung „thematisiert […] mit Aspekten des Body Enhancement die technologischen Optimierungsmöglichkeiten und ethisch-sozialen Herausforderungen, die sich mit der Überwindung der natürlichen Grenzen des Körpers und seiner Erweiterung in Richtung Unsterblichkeit entfalten" (https://www.hfg-gmuend.de/assets/downloads/Flyer-Ausstellung-Transhuman.pdf; Abruf: 26.07.2021).

[5] Manche nennen diese Phase das postindustrielle Zeitalter. Eine nicht unproblematische Bezeichnung, ruhen doch sämtliche wirtschaftlichen, sozialen und kulturellen Ver-änderungen, für die das Label *postindustriell* stehen soll, auf den zeitgemäßen Trans-formationen der industriellen Produktion im Zeichen der Digitalisierung.

Menschen und von Gestaltung geworden ist. Der Grundgedanke der folgenden Rekonstruktion: Das Motiv der Vervollkommnung bzw. der Perfektionierbarkeit des Menschen war die Bedingung der Möglichkeit, um aus dem statisch-zyklischen Geschichtsbild der Antike herauszutreten und ein dynamisch-prozessuales Konzept der Entwicklung der Menschen in ihrem geschichtlichen Fortschreiten formulieren zu können. Dabei ist das Ziel jenes progressistisch gedachten Prozesses einerseits gleichsam überdeterminiert, insofern es nämlich das höchste und endgültige Ziel sein soll. Andererseits ist es jedoch in seiner säkularisierten Gestalt, die nolens volens auf Konzepte des Erlösungs- und Heilsgeschehens verzichtet, unbestimmt. Es wird als ein Telos ohne inhaltliche Erfüllung gedacht: als qualitativ zielloses Ziel. Darin unterscheidet sich das Denken der Aufklärung, welches die judäo-christliche Überlieferung zunächst fortgeschrieben hatte, radikal von der philosophischen Teleologie der Antike.

Die Ergebnisoffenheit des Optimierungsgedankens ist seine große Stärke als immerfort (an)treibende Kraft, gewissermaßen als *dynamis* per se. Ohne diese Kraft gäbe es die Moderne nicht. Zugleich ist die Ergebnisoffenheit die große Schwäche des Optimierungsgedankens, insofern ihm eine objektiv oder intersubjektiv verbindliche Ziel- und Zweckbestimmung fehlt.

In der klassischen Philosophie wurde die Fähigkeit der Menschen zur Vervollkommnung ihrer selbst für lange Zeit im Sinne der aristotelischen Lehre von der *Entelechie* gedacht. Die Form war für Aristoteles das Allgemeine, der geformte Stoff hingegen das Besondere, Einzelne. Ihm zufolge kann die Form keine für sich seiende Substanz sein, die unabhängig vom Stoff wäre (wie Platon gelehrt hatte). Die allen Einzeldingen einer Art gemeinsame Form gibt es immer nur an einem bestimmten, einzelnen Stoff. Die Form ist das Allgemein-Wesensmäßige, das sich im Stoff realisiert, nämlich als jeweils besonderes Einzelding. Das Wesen verwirklicht sich in der Erscheinung. Die Kraft, die dies zuwege bringt, nannte Aristoteles Entelechie. Alles Entwicklungsgeschehen, sowohl in der Natur als auch in der Kultur, ist demnach zielgerichtet. Die kleine Walnuss trägt ihr inhärentes Ziel, den voll entwickelten, ausgewachsenen Nussbaum, bereits in sich. Um es herauszubringen, ist sie auf entgegenkommende äußere Umstände angewiesen – ebenso wie das inhärente Ziel eines herzustellenden Werkzeugs oder einer zu gestaltenden Skulptur. Das erreichte Ziel ist die vollkommene, perfekte Gestalt des jeweiligen Objekts.

Von Perfektibilität wurde in der Epoche der Aufklärung insbesondere im Zusammenhang von Ethik und Theologie gesprochen: „Die Anwendung des anthropologischen und ethischen Perfektibilitätsbegriffs muß im Zusammenhang jener Bestrebungen zur Mündigkeit, Selbsttätigkeit und Selbstvervollkommnung gesehen werden, welche die Aufklärung zu ihrem entscheidenden Anliegen

gemacht hatte." (Hornig, 1980, S. 222). Im „Fortschrittsoptimismus der Aufklärung" (ebd.) wurde der Begriff der Perfektibilität neu geboren. Seine Grundlagen waren erstens das metaphysische Konzept der Entwicklungsprozesse, die
ihr Ziel in sich selbst tragen; zweitens die christliche Lehre, dass der Mensch
das Ebenbild Gottes ist; und drittens das renaissance-humanistische Konzept der
menschlichen Bildungsfähigkeit.

Bis heute ist die Vorstellung der Perfektibilität dem „Entwicklungs- und Fort-
schrittsbegriff" (ebd.) des Humanismus verpflichtet – sei es in der Architektur, für
die der Mensch im Mittelpunkt zu stehen habe (das reklamierte die industrielle
Massenbauweise der DDR ebenso für sich wie heute das „nachhaltige Bauen"
oder die „Human-Centered Architecture") oder im Design (das in zeitgemäßer
Terminologie gern als *user centered* verstanden wird).[6]

Eine wichtige Station des Perfektibilismus war der Rationalismus. Fußend auf
der Geltung des Satzes vom zureichenden Grunde, stand für Gottfried Wilhelm
Leibniz, den großen Mathematiker und Mitbegründer des Konzepts der künst-
lichen Intelligenz, außer Frage, dass im Rahmen einer im Ganzen optimalen
Welt auch deren Teile, also die Individuen, „zu immer größerer Vollkommenheit
voranzuschreiten" (Hornig, 1980, S. 222) hätten.[7] Im politisch fortschrittlicheren
Frankreich mochte sich Jean-Jacques Rousseau – einerseits als Vordenker der
Revolution, andererseits als Kritiker der Aufklärung und ihres Vernunftoptimis-
mus – nicht mehr auf die höchste Vollkommenheit Gottes und deren notwendige
Folgen für die Welt verlassen. Er formulierte Überlegungen, die sich als unver-

---

[6] Siehe z. B.: Hofer und Butter (2017) sowie https://ne-np.facebook.com/fuenfwerken/
videos/der-mensch-im-mittelpunkt-in-unserem-zweiten-sprint-imagination-erweitern-
wir-ge/2888206511469180/;   https://blog.dgnb.de/mensch-im-mittelpunkt/oder   https://
blog.dormakaba.com/de/human-centered-architecture-bedeutung-und-herausforderungen/
(Abruf: 25.07.2021).

[7] Aus der „höchsten Vollkommenheit Gottes folgt, daß er bei der Hervorbringung des Uni-
versums den bestmöglichen Plan gewählt hat, in dem sich die größte Mannigfaltigkeit mit
der größten Ordnung vereinigt: wo das Land, Ort und Zeit in der besten Weise verwendet
und die größte Wirkung auf die einfachste Weise erzielt wird; wo den Geschöpfen die
größte Macht, das größte Wissen, das größte Glück und die größte Güte gegeben wurde,
die das Universum überhaupt zulassen konnte. Denn da im göttlichen Verstande alle
Möglichkeiten, nach dem Maße ihrer Vollkommenheit, zur Existenz streben, so muß das
Ergebnis aller dieser Bestrebungen die wirkliche Welt als die vollkommenste aller überhaupt möglichen sein. Ohne diese Voraussetzung wäre es unmöglich, einen Grund dafür
aufzuzeigen, warum die Dinge eher diesen als einen anderen Lauf genommen haben."
(Leibniz, 1714, S. 17).

zichtbar für Erwägungen heutiger Vervollkommnungs-Phantasien erwiesen haben.

Als Kulturphilosoph war Rousseau zugleich Begründer der modernen Kulturkritik. Er beschrieb, was den Kulturzustand der Menschen von ihrem Naturzustand unterscheidet. Was verlieren die Menschen, fragte er, durch das Leben im Kulturzustand? Sie leben nicht mehr im Einklang mit der äußeren Natur und den übrigen Lebewesen, nicht mehr im Einklang mit sich selbst. An die Stelle natürlicher Genügsamkeit treten Gier und die Suche nach immer neuen Reizen. Wer nicht mehr darauf angewiesen ist, seinen Körper zu trainieren, büßt Gesundheit und Körperkraft ein. Stattdessen werden immer ausgefeiltere Werkzeuge hergestellt. Doch was gewinnen die Menschen durch das Leben im Kulturzustand? Sie können, ja sie müssen sich geistig vervollkommnen, Kenntnisse erwerben, Werkzeuge und Technik perfektionieren. Sie erweitern ständig ihren Radius und können immer mehr erreichen. Nicht zuletzt entwickeln sie Gesetze und moralische Normen, wodurch ihr Zusammenleben sicherer wird, weil es auf gefestigten Überzeugungen und Sitten ruht.

Rousseau argumentierte, dass den Menschen gar nichts anderes übrig bleibe, als im Kulturzustand zu leben, weil sie sich von den anderen Tierarten dadurch unterscheiden, dass ihnen die Instinkte fehlen. Sie können nicht überleben, ohne ihren Verstand zu gebrauchen (Rousseau, 1755, S. 87 ff.; Hornig, 1980, S. 226). Sie unterscheiden sich aber auch dadurch, dass sie Handlungsfreiheit besitzen, die, neben dem Instinktmangel, die Voraussetzung für Bildungsfähigkeit ist.

Bei Rousseau findet sich ein für die Moderne bis heute maßgebliches Konzept der Ambivalenz des Fortschritts, die mit seiner Unausweichlichkeit zusammengedacht wird. Bildung und Zivilisation führen dazu, dass nicht mehr unmittelbare Gewalt herrscht wie im Naturzustand, sondern Recht und Gesetz. Doch die „Domestizierung des Menschen führt zu dessen Degeneration" (Borgards, 2010, S. 33). Der „kulturell zugerichtete Körper" ist durch Trainingsmangel und Krankheitsanfälligkeit geschwächt, doch einen „natürlichen Körper gibt es nicht (mehr)" (ebd.). Rousseaus Gegenkonzept zur Perfektibilität ist die Korruptibilität (Hornig, 1980, S. 225; Koselleck, 2006). Er kritisierte die Inhumanität und den Zwangscharakter des Zivilisationsprozesses und lenkte den Blick darauf, dass Kultur stets mit Herrschaft zusammenhängt. Künste und Wissenschaften haben eine ideologische Funktion, sie sollen Herrschaft verdecken und den Menschen einreden, alles sei aufs Beste bestellt.[8]

---

[8] „Wie der Körper hat auch der Geist seine Bedürfnisse. Jene bilden die Grundlage der Gesellschaft, diese machen ihre Annehmlichkeit aus. Während die Regierungen und die

Der bedeutende jüdische Philosoph Moses Mendelssohn hat Rousseaus Idee der Perfektibilität mit kritischer Akzentsetzung in den Diskurs der christlich geprägten deutschen Aufklärungsphilosophie eingebracht. Mendelssohn machte das theologische Perfektibilitätspostulat auf einer philosophischen Begründungsebene fest, die haltbarer sein sollte als die bloßen Bekundungen einer Offenbarungsreligion. Sein Einwand gegen Rousseau lautete indessen: Selbstvervollkommnung ist nicht auf ihre Funktion für die Selbsterhaltung zu reduzieren. „Hat uns die Natur das Vermögen geschenkt, uns vollkommener zu machen; so hat sie zugleich unserem Wesen gleichsam eingegraben, alle unsere Fähigkeiten in der vollständigsten Harmonie empor zu erheben." (Mendelssohn, 1756, S. 137). Mendelssohn argumentierte: „die Bemühung, sich vollkommener zu machen" (S. 136), habe ihre letzte Bestimmung nicht bloß im individuellen Überleben und dem Bestand der Art oder Gattung, sondern vielmehr in einem Zu-sich-selbst-Kommen der humanen Vernunft, die als sittliches Miteinander praktisch werde.

Dieser Gedanke findet sich implizit bei Immanuel Kant wieder, dessen Begriff der Kultur stark von Rousseau beeinflusst ist. Kant betonte, dass Kultur Kunst, Wissenschaft und Zivilisiertheit umfasse, und bezeichnete als Zivilisation die soziale Regulation des Umgangs durch Recht und gute Sitten. Aber Kultur ist ihm zufolge mehr als Kunst, Wissenschaft und Zivilisiertheit. Kultur ohne Moralität war für Kant keine. Besser gesagt: noch keine Kultur, weil sie noch nicht zu sich selbst gekommen ist.[9] Im Zusammenhang seiner Erziehungstheorie hat Kant ausgeführt, was er unter einer Hinführung zur Moralität verstand. Dabei erhielt der Begriff des Zwecks oder der Zwecke im geschichtsphilosophischen Zusammenhang eine zentrale Bedeutung: „Der Mensch soll nicht bloß zu allerlei Zwecken

---

Gesetze für die Sicherheit und das Wohlergehen der zusammenwohnenden Menschen sorgen, breiten die weniger despotischen und vielleicht mächtigeren Wissenschaften, Schriften und Künste Blumengirlanden über die Eisenketten, die sie beschweren. Sie ersticken in ihnen das Gefühl jener ursprünglichen Freiheit, für die sie geboren zu sein scheinen, lassen sie ihre Knechtschaft lieben und machen aus ihnen, was man zivilisierte Völker nennt." (Rousseau, 1750, S. 7, 9).

[9] „Wir sind in hohem Grade durch Kunst und Wissenschaft cultivirt. Wir sind civilisirt bis zum Überlästigen zu allerlei gesellschaftlicher Artigkeit und Anständigkeit. Aber uns für schon moralisirt zu halten, daran fehlt noch sehr viel. Denn die Idee der Moralität gehört noch zur Cultur; der Gebrauch dieser Idee aber, welcher nur auf das Sittenähnliche in der Ehrliebe und der äußeren Anständigkeit hinausläuft, macht blos die Civilisierung aus." (Kant, 1784, S. 26).

geschickt sein, sondern auch die Gesinnung bekommen, daß er nur lauter gute Zwecke erwähle. Gute Zwecke sind diejenigen, die nothwendigerweise von Jedermann gebilligt werden, und die auch zu gleicher Zeit Jedermanns Zwecke sein können." (Kant, 1803, S. 450).

In der deutschsprachigen Tradition wurde der christliche Perfektibilitätsgedanke vor allem über Friedrich Daniel Ernst Schleiermacher im Diskurs der Kulturwissenschaften verankert. Georg Wilhelm Friedrich Hegel hingegen erschien das Konzept der Perfektibilität als viel zu unspezifisch, um als tragfähige geschichtsphilosophische Kategorie bestehen zu können. Seine Kritik geht vom Begriff des Zwecks aus. Für Hegel ist „die Perfektibilität beinahe etwas so Bestimmungsloses als die Veränderung überhaupt; sie ist ohne Zweck und Ziel, wie ohne Maßstab für die Veränderung: das Bessere, das Vollkommnere, worauf sie gehen soll, ist ein ganz Unbestimmtes" (Hegel, 1840, S. 75; siehe dazu Hornig, 1980, S. 244). Die Widersprüchlichkeit eines Fortschritts, der zwar an sich selbst zweck- und ziellos ist, aber gleichwohl absolut gesetzt wird, ist von Karl Marx und Friedrich Engels auf den Begriff gebracht worden. Für die historisch-materialistische Philosophie erwies er sich als konzeptueller Ausdruck eines realen gesellschaftlichen Antagonismus. Marx und Engels erkannten die epochale Wucht, mit der die Bürgerklasse im Zeichen der industriekapitalistischen Produktionsweise den Motor des Fortschritts anwarf und den permanenten Prozess der Modernisierung einleitete. Dazu gehörte es, nicht nur Gemeineigentum zu privatisieren und Traditionsbestandteile zu entsorgen, die sich als hemmend erweisen oder schlicht überflüssig werden, wenn es gilt, eine Gesellschaft für die Verwertung des Werts und für die Dauerakkumulation von Kapital fit zu machen.

„Die große Industrie hat den Weltmarkt hergestellt", schrieben Marx und Engels im Jahre 1848 (S. 463). „Der Weltmarkt hat dem Handel, der Schiffahrt, den Landkommunikationen eine unermeßliche Entwicklung gegeben. Diese hat wieder auf die Ausdehnung der Industrie zurückgewirkt, und in demselben Maße, worin Industrie, Handel, Schiffahrt, Eisenbahnen sich ausdehnten, in demselben Maße entwickelte sich die Bourgeoisie, vermehrte sie ihre Kapitalien." (Marx u. Engels, 1848, S. 464). Diese „moderne Bourgeoisie" ist „das Produkt eines langen Entwicklungsganges, einer Reihe von Umwälzungen" (ebd.). „Sie kann nicht existieren, ohne die Produktionsinstrumente, also die Produktionsverhältnisse, also sämtliche gesellschaftlichen Verhältnisse fortwährend zu revolutionieren." (S. 465). Dazu gehört „die rasche Verbesserung aller Produktionsinstrumente" und „die unendlich erleichterten Kommunikationen", vermöge derer „alle, auch die barbarischsten Nationen in die Zivilisation" hineingesaugt werden, weil sie gezwungen würden, jene moderne Produktionsweise „sich anzueignen, wenn sie nicht zugrunde gehen wollen" (S. 466).

Das Ziel aller Aktivitäten ist, mit anderen Worten, eine permanente Revolutionierung der Produktivkräfte, von der Dampfmaschine bis zur *Digitalen Agenda für Deutschland*. Doch der permanenten Revolution der Produktions- und Kommunikationsmittel fehlt eine human-vernünftige, selbstbestimmt gesetzte Zielbestimmung. Sie terminiert in der Verwertung des investierten Werts, mithin in der Akkumulation von Kapital, welches sich in dieser Hinsicht als *das Transhumanum schlechthin* erweist. In der latinisierten Terminologie der aristotelischen Lehre vom Grund gesprochen, geht ihm eine *causa finalis* ab: eine Zweckbestimmung, die außerhalb seiner selbst liegt. Das Gesetz der kapitalistischen Akkumulation ist als autotelisches Optimum konzipiert. Es kennt kein *Wozu*, es existiert um seiner selbst Willen und aus eigenem Recht.

Die offene Frage lautet daher: Sind die Zielsetzungen der Digitalen Agenda und ähnlicher Programme inhaltlich dem solidarischen Interesse an einem moralisch und kulturell informierten gesellschaftlichen Zusammenleben ver- pflichtet, welches an humanen zivilisatorischen Standards orientiert wäre? Oder sind sie auf „Veränderung überhaupt" aus – also letztlich auf „etwas Bestimmungsloses", wie Hegel schrieb? Als Kern und Kraftzentrum von jenem am Ende Bestimmungslosen könnte sich kritischer Reflexion die pure Akkumulation von investiertem Kapital erweisen. Losgelöst von jeglicher humanen Zweckbestimmung, dient es lediglich der eigenen Selbsterhaltung durch Selbstvermehrung. Darin besteht sein Optimum. Dafür ist permanentes Wirt- schaftswachstum erforderlich, und das ist heute immer weniger auf Produktivität von Gebrauchswerten jedweder Art angewiesen, denn es ist als „Finanzmarkt- kapitalismus" dazu imstande, immerfort „neue Verfahren der Wertschöpfung" zu generieren (Vogl, 2021, S. 33). Diese permanente autotelische Optimierung erfolgt stets durch ihre periodisch wiederkehrende Selbstzerstörung. In ihrer Unausweichlichkeit erinnert diese entweder an ein antikes *Fatum*, oder sie wird als sozioökonomisches Naturgesetz missverstanden. So oder so tritt sie unter dem Namen *Wirtschaftskrise* wie etwas auf, das sich nun einmal von selbst versteht.[10]

---

[10] „In der modernen, durch die reelle Subsumtion der Arbeit unter das Kapital bestimmten Gesellschaft ist der Fortschritt zirkularisiert und insofern stillgestellt worden: Das Kapital reproduziert seine eigenen Voraussetzungen und entzieht sich damit der geschicht- lichen Kontingenz. Der Geschichte der Globalisierung des Kapitalverhältnisses gegen- über scheinen alle Ambitionen der Menschen auf ihre Geschichte ohnmächtig zu sein. Diese Ohnmacht spiegelt sich in der ‚Dekonstruktion' des Fortschrittsbegriffs. Solche theoretische Abstützung des Faktischen gibt der heteronomen Stillstellung von Geschichte unumwunden recht." (Städtler, 2019, S. 23).

In den Strudel ökonomischer Krisenzyklen geraten heute auch und gerade die Naturbedingungen menschlicher Produktion. Mitunter hat es den Anschein, als hinge die Bemühung, die Naturgegebenheiten auch des menschlichen Körpers durch wissenschaftlich-technische Eingriffe zu verändern, auch damit zusammen, dass die bestehende Vergesellschaftungsform wie eine unveränderliche Naturgegebenheit erscheint. In dem Maße, wie etwa die ökonomische Bedeutung des biologischen Geschlechts eine immer geringere Rolle spielt, wird seine soziokulturelle Bedeutung zum Fetisch. Der Wunsch nach Selbstbestimmung hat sich womöglich in den Wunsch nach der denkbar radikalsten Bestimmung über den eigenen Körper transformiert. Damit wendet sich Naturbeherrschung zur Gänze nach innen. Man kann das als ein Gegenstück zur Naturbeherrschung nach außen lesen, die, in Gestalt des menschengemachten Klimawandels, ihre verhängnisvolle Seite zeigt.

Dabei könnte es sich auch um eine Art der Verschiebung handeln. Einstmals angestrebte Ziele der Aufklärung – Selbstvervollkommnung und Selbstbestimmung mündiger Subjekte, in Gestalt einer Mischung aus zwangloser Identität und dem unbestrittenen Recht auf Nichtidentität – gelten als nicht realisierbare Utopien. Innovations- und Optimierungsenergie verschiebt sich auf ein Ziel, dessen Verwirklichung möglich erscheint. Als realitätstüchtiges Verschiebungsziel erscheint dann das Recht auf die radikalste Bestimmung über den eigenen Körper. Der Transhumanismus wird durch die endgültige Aufkündigung des Respekts vor der Unverfügbarkeit der humanen Naturbasis einen großen Schritt vorangebracht.

Literatur

Borgards, R. (Hrsg.). (2010). *Texte zur Kulturtheorie und Kulturwissenschaft*. Stuttgart: Reclam.

Hegel, G. W. F. (1840). Vorlesungen über die Philosophie der Geschichte. In G. W. F. Hegel (Hrsg.), *Werke in 20 Bd.* (Bd. 12). Frankfurt/M.: Suhrkamp, 1970.

Hofer, S., & Butter, A. (2017). Blick zurück nach vorn. Architektur und Stadtplanung in der DDR. *Schriftenreihe des Arbeitskreises Kunst in der DDR*, Bd. 3. Marburg.

Hornig, G. (1980). Perfektibilität. Eine Untersuchung zur Geschichte und Bedeutung dieses Begriffs in der deutschsprachigen Literatur. *Archiv Für Begriffsgeschichte 24*(2), 221–257. http://www.jstor.org/stable/24359344. Abruf: 24. Juli 2021.

Kant, I. (1784). Idee zu einer allgemeinen Geschichte in weltbürgerlicher Absicht. In Kant's Gesammelte Schriften. Hrsg. von der Königlich Preußischen Akademie der Wissenschaften (Bd. VIII, S. 15–31). Berlin u. Leipzig: de Gruyter, 1923.

Kant, I. (1803). Über Pädagogik. In Kant's Gesammelte Schriften. Hrsg. von der Königlich Preußischen Akademie der Wissenschaften (Bd. IX, S. 437–499). Berlin u. Leipzig: de Gruyter, 1923.

Koselleck, R. (2006). ‚Fortschritt' und ‚Niedergang' – Nachtrag zur Geschichte zweier Begriffe. In R. Koselleck (Hrsg.), *Begriffsgeschichten. Studien zur Semantik und Pragmatik der politischen und sozialen Sprache* (S. 159–182). Frankfurt/M.: Suhrkamp, 1970.

Kurzweil, R. (2014). *Menschheit 2.0. Die Singularität naht.* Berlin: Lola Books.

Leibniz, G. W. (1714). Vernunftprinzipien der Natur und der Gnade. In G. W. Leibniz & H. Herring (Hrsg.), *Vernunftprinzipien der Natur und der Gnade. Monadologie* (S. 2–25). Hamburg: Felix Meiner, 1982.

Marx, K., & Engels, F. (1848). Manifest der kommunistischen Partei. In K. Marx, F. Engels, Werke (Hrsg.), *Institut für Marxismus-Leninismus beim ZK der SED* Berlin: Dietz, 1983. (Bd. 4, S. 459–493).

Mendelssohn, M. (1756). Sendschreiben an den Herrn Magister Lessing in Leipzig. In M. Mendelssohn (Hrsg.), *Ausgewählte Werke. Studienausgabe* (Bd. I, S. 129–152). (Eingel. Hrsg. C. Schulte, A. Kennecke, & G. Jurewicz, 2009). Darmstadt: Wissenschaftliche Buchgesellschaft, 2009.

Rousseau, J.-J. (1750). Abhandlung über die Frage: Hat der Wiederaufstieg der Wissenschaften und Künste zur Läuterung der Sitten beigetragen? In J.-J. Rousseau (Hrsg.), *Schriften zur Kulturkritik* (S. 3–59). (Eingel., übers. hrsg. K. Weigand, 1983). Hamburg: Meiner, 1983.

Rousseau, J.-J. (1755). Über den Ursprung der Ungleichheit unter den Menschen. In J.-J Rousseau (Hrsg.), *Schriften zur Kulturkritik* (S. 63–269). (Eingel., übers. hrsg. K. Weigand, 1983). Hamburg: Meiner, 1983.

Sloterdijk, P. (1999). *Regeln für den Menschenpark. Ein Antwortschreiben zu Heideggers Brief über den Humanismus.* Frankfurt/M.: Suhrkamp.

Städtler, M. (2019). Aspekte eines kritischen Geschichtsdenkens. In M. Städtler (Hrsg.), *Kontingenz und Begriff. Über das Denken von Geschichte und die Geschichtlichkeit des Denkens* (S. 9–34). Springe: zu Klampen.

Türcke, C. (2021). *Natur und Gender. Kritik eines Machbarkeitswahns.* München: C. H. Beck.

Vogl, J. (2021). *Kapital und Ressentiment. Eine kurze Theorie der Gegenwart.* München: C. H. Beck.

Gerhard Schweppenhäuser, Prof. Dr. phil. habil., lehrt Design- und Medientheorie an der Fakultät Gestaltung der Hochschule für angewandte Wissenschaften in Würzburg und Philosophie am Institut für Philosophie der Universität Kassel. Neuere Bücher: *Grundbegriffe der Ethik* (Ditzigen: Reclam, 2021); *Adorno und die Folgen* (Berlin: Metzler, 2022); *Design, Philosophie und Medien. Perspektiven einer kritischen Entwurfs- und Gestaltungstheorie* (Wiesbaden: Springer VS, 2019); *Revisionen des Realismus. Zwischen Sozialporträt und Profilbild* (Stuttgart: Metzler, 2018); *Handbuch der Medienphilosophie* (Hrsg., Darmstadt: Wissenschaftliche Buchgesellschaft, 2018); *Bildsemiotik. Grundlagen und exemplarische Analysen visueller Kommunikation* (mit Thomas Friedrich, Basel: Birkhäuser, 2. Aufl. 2017); *„Kulturindustrie": Theoretische und empirische Annäherungen an einen populären Begriff,* (Hrsg. mit Martin Niederauer, Wiesbaden: Springer VS, 2017); *Medien: Theorie und Geschichte für Designer* (Stuttgart: AV edition, 2016); *Designtheorie* (Wiesbaden: Springer VS, 2016).

Biospekulatives Design. Die Konstruierbarkeit des Menschen

Anne Matlok

> *„Wir waren jene, die wussten, aber nicht verstanden, voller Informationen, aber ohne Erkenntnis, randvoll mit Wissen, aber mager an Erfahrung. So gingen wir, von uns selbst nicht aufgehalten."*
> *Roger Willemsen (2016, S. 43)*

1 Einleitung

Self-Enhancement, Medikalisierung, prädiktive Gentests, bioethische Engpässe: Der Fortschritt in der Medizin hat in den letzten Jahren enorm Fahrt aufgenommen und viele neue Möglichkeiten hervorgebracht. Erstmals haben wir nicht nur die Option, unser Leben so zu gestalten, wie wir möchten, sondern auch uns selbst: unseren Körper, unsere Gene, die Bedingungen unseres Lebens als Solche. Der Mensch wird immer mehr zu einem konstruierbaren Objekt. Um diese Entwicklungen mit all ihren Konsequenzen in die richtigen Bahnen zu lenken, bedarf es einer gewissenhaften Evaluation von Möglichkeiten und Risiken. Wo die einzelnen wissenschaftlichen Disziplinen an ihre Grenzen stoßen, werden ein Perspektivwechsel und eine Erweiterung des Diskussionskreises für Fachleute und Laien benötigt, um zu neuen Erkenntnissen zu gelangen.

A. Matlok (✉)
Flaechenbrand GmbH, Packaging Design/Creative, Hamburg, Deutschland
E-Mail: anne.matlok@gmx.de

© Der/die Autor(en), exklusiv lizenziert durch Springer Fachmedien Wiesbaden GmbH, ein Teil von Springer Nature 2022
G. Schweppenhäuser et al. (Hrsg.), *Ambivalenzen der Optimierung*, Würzburger Beiträge zur Designforschung, https://doi.org/10.1007/978-3-658-36165-5_3

17

Einen geschützten Raum dazu bietet das Biospekulative Design: ein junger, interdisziplinärer Forschungsbereich an der Schnittstelle von Medizin, Design und Bioethik. Die Visualisierung von Ergebnissen und Spekulationen der Forschung sowie deren potenziellen Auswirkungen und Folgen ermöglicht interdisziplinären Teams, Grundinhalte und Tendenzen biotechnologischer Entwicklungen schnell zu erfassen und diese gemeinsam auf Anwendbarkeit, Chancen und Risiken bezüglich der teilnehmenden Fachbereiche zu überprüfen.

Der folgende Text befasst sich mit der Entstehung des Biospekulativen Designs als neues, eigenständiges Forschungsfeld und bietet eine Einführung in die Problemstellungen medizinischer Bereiche, in denen es Anwendung finden kann. Er betrachtet die Chancen, die das Design im Zusammenspiel mit wissenschaftlicher Arbeit in diesen Bereichen bietet, und berichtet von der Entstehung eines Buches, das die erarbeiteten Erkenntnisse als Abschluss des Projektes in einem Werk der Praxis vereint und so die Grundlage biospekulativer Zusammenarbeit zwischen Design und Wissenschaft bereitstellt. Zur Verdeutlichung der Wechselwirkung zwischen Praxis und Theorie wird dieser Beitrag durch einige visuelle Ausschnitte aus diesem Buch unterstützt.

2   Enhancement

2.1   Historische Entwicklung und Status quo

Seit den 1920er Jahren konzentriert sich die Medizin nicht nur auf den Erhalt oder die Wiederherstellung eines gesunden Körpers, sondern auch mehr und mehr auf eine physische und mentale Verbesserung des gesunden Menschen. Die Folgen zeigen sich nun im 21. Jahrhundert mit einem wahren Enhancement-Boom. Die alte Physiologie, die von einem durch das nervöse System regulierten Körper ausging, wich rasch der neuen Physiologie der chemischen Regulation (Schäfer, 1895, S. 324, zit. nach Viehöfer & Wehling, 2011, S. 94), wodurch die Möglichkeit der bewussten und gezielten Manipulation durch den Einsatz chemischer Substanzen vereinfacht wurde.

Neue Erkenntnisse und Methoden animieren zu neuem Forschungsdrang und lassen die Hoffnung aufleben, dass Störfaktoren, die einem zufriedenen Leben mehr oder weniger eindeutig im Weg stehen, behandelt werden können: So versprechen Hormone und Stammzellenforschung ewige Jugendlichkeit, Praktiken wie Eugenik[1] und künstliche Befruchtung als biotechnische Verfahren zudem die lang ersehnte Verwirklichung eines besseren Menschen. Die Verbesserung des Menschen hat längst einen eigenen Begriff – „Enhancement" wird als „Einsatz medizinischer Mittel zur Verbesserung von Gesunden ohne Krankheitsindikation" (Schöne-Seifert & Talbot, 2009, zit. nach Viehöfer & Wehling, 2011, S. 136) definiert und somit als eine bewusste und gezielte Manipulation und Optimierung des menschlichen Körpers. Die Frage nach einer klaren Definition und dem Ziel einer solchen Optimierung, sowie danach, ob eine Verbesserung von einigen Wenigen (die es sich leisten können) aus ‚besseren' Menschen auch eine bessere Gesellschaft macht, bleibt bisher unbeantwortet.

Befürworter von biomedizinischem Enhancement argumentieren, dass diese Technologien ohnehin den gleichen Zielen dienen wie bereits etablierte Praktiken, also etwa eine Tasse Kaffee zur Steigerung der Wachheit. Manche sehen im Neuro-Enhancement sogar die einzige Möglichkeit, die dringlichsten Probleme der Menschheit zu lösen (vgl. Viehöfer & Wehling, 2011, S. 233). Enhancement-Skeptiker wie der Autor Francis Fukuyama[2] konstatieren hingegen ein Ende des uns bekannten Menschen und sehen uns auf dem Weg in eine posthumane Zukunft, in welcher der Mensch durch Anthropotechnik gezähmt und durch Biowissenschaften vollendet werden soll (Fukuyama, 2002, zit. nach Viehöfer & Wehling, 2011, S. 252). Sorge bereitet auch die Grauzone, die dabei zwischen Krankheitsbehandlung und Neuro-Enhancement entsteht. Bereits 1987 warnte die Kommission des Deutschen Bundestages in einem Beitrag zu Chancen und Risiken der Gentechnologie vor dem drohenden Missbrauch von Biotechnologien zu Zwecken der Menschenzüchtung, da so die Grenze zwischen medizinischer Korrektur und züchterischer Verbesserung leicht verschiebbar sei (vgl. Wiebicke, 2013, S. 78) (Abb. 1).

Als prominentes Beispiel dient hier das ‚Problem' des Alterns. Durch das Aufkommen einer Leistungsgesellschaft wurde ein Prozess in Gang gesetzt, der die potenzielle Arbeitskraft eines Menschen als Maßstab für dessen wirtschaftlichen und gesellschaftlichen Wert festlegt. Vor allem ältere Menschen fallen durch ihre geringere Arbeitsleistung durch das Raster und leiden besonders unter der Stigmatisierung, anderen eine Last zu sein oder nicht gebraucht zu werden

---

[1] Jürgen Habermas' *Die Zukunft der menschlichen Natur. Auf dem Weg zu einer liberalen Eugenik*, das zuerst 2001 erschien, gilt als einer der einflussreichsten kritischen Beiträge zur liberalen Eugenik in deutscher Sprache.

[2] In seinem wissenschaftskritischen Werk *Das Ende des Menschen* (2002) liefert Francis Fukuyama Argumente für eine staatliche Kontrolle der Biotechnologie und Humanmedizin.

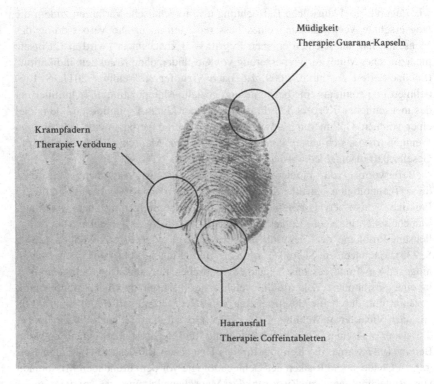

Müdigkeit
Therapie: Guarana-Kapseln

Krampfadern
Therapie: Verödung

Haarausfall
Therapie: Coffeintabletten

Abb. 1 Verfolgen wir mit dem umstrittenen biotechnologischen Enhancement bereits etablierte Ziele? (Alle Abbildungen stammen von der Autorin dieses Beitrags)

(vgl. Backes & Clemens, 2013, S. 11). Das ebnete den Weg für Verjüngungsexperimente und Forschungsansätze, die der ‚Krankheit Alter' dazu verhalfen, als solche wahrgenommen zu werden. Einer der bekanntesten Befürworter der Bekämpfung des Alters ist Aubrey De Grey,[3] der das Alter als den ältesten Feind der Menschheit betrachtet und dessen Abschaffung eher als psychologische Herausforderung sieht (vgl. Wiebicke, 2013, S. 166–167). Für Alfred Russel Wallance hingegen dient das Altern dem Überleben einer Art: Die Jüngeren

---

[3] Aubrey De Grey, ein britischer Bioinformatiker und theoretischer Biogerontologe, ist Mitglied der American Aging Association.

profitieren im Überlebenskampf, wenn Ältere und Schwache aus dem System gedrängt werden – der Tod belebt (vgl. Wiebicke, 2013, S. 169). Somit ist die Diskussion um Krankheit und Gesundheit im Hinblick auf das Altern bereits im vollen Gange. Dabei müssen auch bisherige Definitionen neu betrachtet werden. Wenn der Begriff der Krankheit schon nicht eindeutig zu definieren ist, dann vielleicht der der Gesundheit? Laut Definition der WHO (World Health Organization) von 1948 gilt: „Health is a state of complete physical, mental and social well-being and not merely the absence of disease or infirmity." (WHO, 2019). Der Begriff „social well-being" ist auslegungsbedürftig. Gleichzeitig wirkt es so, als wäre das Benennen eines Individuums als gesund auch Aufgabe der Gesellschaft. Der Zusatz „complete" kollidiert vor allem mit der Frage, auf welche Referenz der Vollkommenheit er sich bezieht.

Auf dem Gebiet der Genetik lassen sich die Trends mit den größten Auswirkungen beobachten. Bereits am 26. Juni 2000 wurde von Celera Genomics und dem Human Genome Project[4] eine Arbeitsversion des menschlichen Genoms präsentiert. Das Potenzial dieser Erkenntnisse ist enorm. Die Europäische Kommission verwies 2002 darauf, dass der Eintritt der Biowissenschaften in das Zeitalter der Genomik eine ähnliche Konsequenz auf die Gesellschaft habe wie die Industrialisierung und Entwicklung der Informationstechnologien (vgl. Lenhard, 2004, S. 8). Der zunehmende Einfluss der Thematik zeigt sich vor allem im Bereich der prädiktiven Gentests: Hier findet eine Verlagerung des Schwerpunkts von einem monogenetischen gendiagnostischen Angebot hin zu multifaktoriellen Erkrankungen statt. Der Fokus wird auf molekulargenetische Untersuchungen gelegt und die Veranlagungen für komplexe Leiden wie Herz-/ Kreislaufprobleme, Krebs oder Diabetes genetisch begründet (vgl. Viehöfer & Wehling, 2011, S. 163). Dies rechtfertigt zum einen die weitere, teils höchst umstrittene Forschung auf dem Gebiet der Genetik, zum anderen erweckt es den Anschein, dass wir unsere Krankheitsgeschichte selbst beeinflussen können, wenn wir nur unsere Gene manipulieren.

---

[4] Das Human Genome Project (HGP, 1990–2003) hatte zum Ziel, alle Gene des menschlichen Genoms zu identifizieren und abzubilden.

2.2   Pathologisierung und Genetifizierung

Diese vielfältigen Grenzziehungen zwischen gesund, krank, selbstverschuldet und schicksalshaft sowie die Entwicklung neuer Technologien, die neue Möglichkeiten der Diagnose bieten und gezielte Manipulationen des Körpers ermöglichen, führen zu einer Entgrenzung des Medizinbegriffes: Wer definiert ein Krankheitsbild?[5] Oder hat die medizinische Forschung bereits solch enorme Fortschritte gemacht, dass es praktisch keine gesunden Menschen mehr gibt (vgl. Lenhard, 2004, S. 3)? Dies deutet sich in einer zunehmenden Pathologisierung natürlicher biologischer Vorgänge, von Hyperaktivität, gewissen emotionalen Zuständen, Schwangerschaft und Menopause an. Somit gilt, dass das, was therapierbar ist, im Umkehrschluss auch als Krankheit definiert werden kann. So wird leicht eine rechtliche und symbolische Grundlage suggeriert und ein legitimes Handlungsfeld der medizinischen Praxis geschaffen. Zusätzlich verlagert sich die Grenze vom Wiederherstellen eines gesunden Menschen hin zum Konstruieren eines passenden Körpers. Das betrifft neben den reinen körperlichen Aspekten auch zunehmend die psychische Verfassung, für deren Steuerung es immer passendere Medikamente gibt. Der Medizinsoziologe Irving Zola erkannte bereits im Jahre 1972: „The greatest increase in drug use […] has not been in the realm of trading any organic disease but in treating a large number of psychosocial states. Thus we have drugs for every mood." (Zola, 1972, S. 495, zit. nach Viehöfer & Wehling, 2011, S. 126). Hier finden Neuroenhancement-Technologien leicht Anklang. Sie werben mit besseren Chancen in der Wettbewerbsgesellschaft, da sie dem Menschen die Hoffnung geben, den hohen sozialen Erwartungen gerecht zu werden. Skeptiker geben hier zu bedenken, dass diese Technologien den Menschen dazu veranlassen würden, die überzogenen Erfordernisse einer Leistungsgesellschaft nicht mehr zu hinterfragen, sondern mit einer Einnahme chemischer oder neurotechnischer Mittel, zu reagieren (Buchanan et al., 2000, zit. nach Viehöfer & Wehling, 2011, S. 248).

Indem die Gentechnik immer mehr mögliche Risikofaktoren aufzeigt, wird die Entgrenzung des Medizinbegriffes weiter gefördert. Dazu kommen soziotechnische, sozio-kulturelle und sozialpolitische Kontexte, welche die Verbreitung und Akzeptanz von Gentests vorantreiben. Dieser Trend findet seinen Höhepunkt in einer Genetifizierung der Medizin. Dieser in den 1990er Jahren von der

---

[5] Die Einordnung und das Maß, in dem die ‚Normalität' des Menschen überschritten wurde, hängen stark von der Kultur und Epoche ab.

Abb. 2 Werden unsere Gene in Zukunft bestimmen, wer wir sind und wer wir sein werden?

kanadischen Sozialwissenschaftlerin Abby Lippmann geprägte Begriff beschreibt die Sicht auf die menschlichen Gene als eine Art Programm für Entwicklung und Steuerung des Organismus und damit als Ausgangs- und Entstehungsort von Krankheit. Um den Patienten zu retten, wird er also erst einmal zum Patienten gemacht – mit einem Blick auf das Genom kein Problem (vgl. Viehöfer & Wehling, 2011, S. 171 ff.).

2.3   Die Konstruierbarkeit des Menschen

Die Kartierung des menschlichen Genoms und die zunehmenden Möglichkeiten der Manipulation, sei es durch Technologien wie Crispr Cas[6] oder chemische Enhancement-Stoffe, lässt die Vision vom konstruierbaren Menschen näher rücken. Der technisch-naturwissenschaftliche Diskurs sieht den Menschen als eine mangelhafte Software, die dringend neu programmiert werden muss. Dem gegenüber steht das erschöpfte Ich und das Bild einer müden Gesellschaft (vgl. Wiebicke, 2013, S. 15). Ist der Mensch ein Mängelwesen, das es selbst in der Hand hat, seine defizitäre Natur zu überwinden (vgl. Wiebicke, 2013, S. 112)? Ist die Gesellschaft in der Pflicht, die Enhancement-Technologien zu nutzen, um bessere Menschen und eine bessere Welt zu garantieren? Welche Möglichkeiten bietet die Gentechnik in Hinblick auf Charakter und Persönlichkeit einer Person? Was spricht gegen eine biotechnisch induzierte Verbesserung moralischer Einstellungen und moral-relevanter Eigenschaften wie Empathie und Altruismus (vgl. Schöne-Seifert & Stroop, 2015, S. 2)? Oder ist es, wie der amerikanische Philosoph Ronald Dworkin mutmaßte, am Ende nur die Feigheit vor dem Unbekannten, die den Menschen von dem letzten Schritt, dem genetischen Enhancement abhält (vgl. Wiebicke, 2013, S. 78) (Abb. 2)?

Drei der aktuell größten Befürworter eines konstruierbaren Menschen sind die australischen Philosophen Peter Singer und Julian Savulescu sowie der schwedische Philosoph Nick Bostrom.[7] Singer sieht in der Steuerung der Evolution des Menschen einen Akt der Befreiung und den Menschen als einen Sklaven seiner Gene (vgl. Wiebicke, 2013, S. 78). Savulescu[8] geht von einer unumgänglichen Notwendigkeit zum Eingriff in den Bauplan des Menschen

---

[6] Crispr Cas: „Clustered Regularly Interspaced Short Palindromic Repeats" ist eine molekularbiologische Methode, um DNA gezielt zu schneiden und zu verändern. Der erste Einsatz wurde 2012 veröffentlicht.

[7] Nick Bostrom ist bekannt für Forschungen auf den Gebieten der Bioethik, Technikfolgenabschätzung und der Superintelligenz (vgl. Bostrom, 2013).

[8] Julian Savulescu beschäftigt sich mit Fragen der Bioethik wie Klonen, Stammzellen, Genetik, künstliche Reproduktion und Neurowissenschaften.

aus. So sei der Mensch nicht designt, um in jener Welt zu leben, die unsere enorme kognitive Kapazität erschaffen hat (vgl. Paulson, 2015). Zusammen mit Bostrom sieht er die moralische Pflicht zur ständigen Selbstoptimierung beim Menschen selbst. Das Human Enhancement bilde eine unumgängliche Notwendigkeit, um den Menschen angesichts globaler Probleme zu retten (vgl. Wiebicke, 2013, S. 124). Eine extreme Haltung brachte auch Francis Crick, Nobelpreisträger und Mitentdecker des Aufbaus der DNA-Doppelhelix, zum Ausdruck, als er sagte: „We have to take away from humans in the long run their reproductive autonomy as the only way to guarantee the advancement of mankind." (Vgl. Lenhard, 2004, S. 80). Bei dieser radikalen Denkweise zeigt sich eine neue Tendenz, die vorsichtig zu beobachten ist. Dies gilt gerade in der Debatte um die Züchtung des Menschen durch Enhancement-Technologien (vgl. Lenhard, 2004, S. 80).

Eine etwas reserviertere Haltung nehmen der deutsche Philosoph Jürgen Habermas und der Forscher Erik Parens ein. Habermas (2018) verweist auf den Eingriff durch Enhancement in die Identitätsbildung: Er würde die Zukunft verstellen, dadurch einen bestimmen Entwicklungspfad festlegen und dem Menschen seine Freiheit nehmen (vgl. Schöne-Seifert & Stroob, 2015, S. 4). Parens plädiert einerseits für das „gratitude framework", das Modell der Dankbarkeit. In seinen Augen sollten wir unser gegebenes Selbst wertschätzen, bewahren und schützen. Andererseits bestimmt er das „creativity framework", den Vorteil der Kreativität, die durch Enhancement gefördert werden könnte und welche die Möglichkeit bietet, uns selbst kreativ zu transformieren (vgl. Schöne-Seifert & Stroob, 2015, S. 4). Jedoch stellt sich in einer Welt, in der Teile des Menschen austauschbar, ergänzbar und rekonstruierbar sind, die Frage, ab wann der Mensch kein Mensch mehr ist, sondern ein posthumanes Wesen. Wie viele ‚Ersatzteile' lassen den Menschen der bleiben, der er ist (vgl. Wiebicke, 2013, S. 9)? Auch die Sprachpolitik ist hier nicht zu unterschätzen: So macht es einen großen Unterschied, ob wir einen durch Technik optimierten Menschen als einen maschinenähnlichen Menschen oder als eine menschähnliche Maschine bezeichnen. Diese Entscheidung würde, neben persönlichen und sozialen, auch rechtliche und politische Konsequenzen nach sich ziehen (vgl. Wiebicke, 2013, S. 191).

3 Ethische Auseinandersetzung

3.1 Der Mensch in der Schöpferrolle

Vor allem die kalifornische Ideologie,[9] die radikale technologische Lösungen als Allheilmittel beschreibt, sieht die neue Rolle des Menschen als gesetzt. Der Futurist Ray Kurzweil[10] antwortet auf die Frage, ob es einen Gott gibt, mit: „Noch nicht!" (Vgl. Wiebicke, 2013, S. 187) Laut Savulescu spielen wir bereits tagtäglich Gott: wenn wir impfen, Schmerzmittel verabreichen oder von Verhütungsmitteln Gebrauch machen. Das gesamte Leben sei unnatürlich. Für ihn zählt nicht die Frage, ob wir die Natur beeinflussen sollten, sondern wie (vgl. Paulson, 2015). Der Mensch kann sich als einziges Lebewesen selbst evolutionieren. Und solange er mit der Natur verbunden ist, gilt er als Mängelwesen (vgl. Wiebicke, 2013, S. 189). Somit versucht der Mensch, der Natur zu entkommen, oder sie zumindest zu seinen Gunsten zu kontrollieren. Der Futurist und Gründer der Extropianer-Bewegung[11] Max More träumt von einem psychotechnisch verbesserten Nachmenschen, der weder Neid noch Lüge oder Gewalttätigkeit kennt (vgl. Wiebicke, 2013, S. 189). Auf den ersten Blick recht vielversprechend. Doch gilt das auch für konstruierte Menschen? Und muss man denen, die Böses getan haben, den Rang des Menschen aberkennen? Was ist mit denen, die sich kein Enhancement leisten können? Schnell vermischen sich so medizinische Ansätze mit möglichen Auswirkungen auf konkrete gesellschaftliche und ökonomische Themen.

Eine besondere Aufgabe kommt daher in biotechnologischen Diskussionen und Zielsetzungen des Enhancements der ethischen Auseinandersetzung zu. Vor allem im medizinischen Bereich kommt es tagtäglich zu schwierigen Entscheidungsprozessen, die weit über das Leistungsspektrum des medizinisch geschulten Personals hinausgehen. Aktuell fallen überwiegend Entscheidungen über Schwangerschaftsabbrüche, pränatale Diagnostik, lebenserhaltende

---

[9] Der Begriff beschreibt einen ‚neuen Glauben' aus der ‚Verschmelzung der kulturellen Boheme' und den ‚High-Tech-Industrien des Silicon Valley' (Barbrook & Cameron, 1995).

[10] Raymond Kurzweil wurde für seine radikalen Bücher zur Technologischen Singularität und Zukunftsforschung (z. B. *Homo S@piens* (2000)) bekannt.

[11] Hierbei handelt es sich um eine bedeutende Strömung innerhalb des Transhumanismus mit sieben Grundregeln: kontinuierlicher Fortschritt, Selbstverbesserung, aktiver Optimismus, intelligente Technologie, offene Gesellschaft, Selbstbestimmung und Rationalität (Kurthen, 2011).

Maßnahmen sowie der Umgang mit Komapatienten in den Bereich der ethischen Aufgabenfelder und erfordern eine individuelle, sorgfältige und empathische Betrachtung durch ein zuständiges Ethikkommitee. Aus der derzeitigen Situation von häufig widersprüchlichen Emotionen und Reaktionen ergibt sich eine grundsätzlich neue Perspektive für die Debatte der Bioethnologie (vgl. Dunne & Raby, 2013, S. 49) und damit auch dem Enhancement.

Die Evaluierung und Einordnung von neuen Erkenntnissen, Methoden und Techniken benötigt viel Sorgfalt und Zeit. Die Geschwindigkeit jedoch, in der sich Veränderungen auf dem Feld der Medizin- und Gentechnologie selbst manifestieren, und die Radikalität dieser Veränderungen unterscheiden die Konstruierbarkeit des Menschen von bisherigen, weitgehend akzeptierten Eingriffen in die Natur, wie etwa die Selektion von Nahrungs- und Futterpflanzen (vgl. Dunne & Raby, 2013, S. 48). Es wirkt, als hinke die Ethik angesichts eines immer schnelleren Fortschrittes stets einen Schritt hinterher. Zusätzlich hat die Ethik nicht nur mit Problemen der Entscheidungsschwierigkeiten und Risikoabschätzung zu kämpfen, sondern muss auch gegen ökonomische Anreize ankommen. So wird der Wunsch nach einer „Neuen Ethik" immer lauter (vgl. Viehöfer & Wehling, 2011, S. 41). Der französische Physiologe Claude Bernard skizzierte bereits 1865 mit seinem Werk *Introduction à l'étude de la médicine expérimentale* den Entwurf einer neuen biotechnologischen Ethik, die auf einer experimentellen Methode beruht. Bernard setzte auf eine aktive Wissenschaft, um dem Menschen die Herrschaft über das Leben zu ermöglichen (vgl. Viehöfer & Wehling, 2011, S. 92). Laut dem Philosophen und Kulturwissenschaftler Peter Sloterdjik[12] benötigen wir einen „Codex der Anthropotechniken" um in die genetische Selektion aktiv eingreifen zu können (vgl. Viehöfer & Wehling, 2011, S. 92). Die Frage ist, ob sich das Prinzip des Enhancements mit den Ansprüchen des ärztlichen Ethos überhaupt verträgt. Der Imperativ des Philosophen Hans Jonas, so zu handeln, dass die Wirkung verträglich ist mit der „Permanenz echten menschlichen Lebens auf der Erde", scheint konträr zu der zunehmenden Konstruierbarkeit des Lebens zu stehen (vgl. Jonas, 1979, S. 36).

Der skeptische Blick auf die heutigen Tendenzen kommt nicht von ungefähr. Oft sind Begriffe zwar bekannt, doch genauer Inhalt, Potenziale und Gefahren sowie soziale und gesellschaftliche Auswirkungen sind weitgehend unerforscht. So zeigt sich etwa der Bereich des Enhancements undefiniert und ohne

---

[12] Peter Sloterdjik löste mit seinem Buch *Regeln für den Menschenpark* (1999) heftige ethische Debatten über Eugenik aus.

Abb. 3 Woran orientieren wir uns in Zukunft, wenn alles möglich ist? Was empfinden wir als „normal"?

klare Grenzen. Daneben sind Verantwortung und Reichweite der individuellen Akteure genauso wenig gesetzt wie die soziale und kollektive Verantwortung, die mit dem Ausüben und der ethischen Beurteilung einhergeht. Folglich können und sollten neue Optimierungstechniken nicht ohne normative und evaluative Vorentscheidung beurteilt werden, da die Entscheidung die Weichen für den zukünftigen Umgang mit diesen Praktiken und einer Neuorientierung der gesellschaftlichen Landschaft stellt. Eine klare Definition des Enhancement-Begriffes und des dazugehörigen Bereichs kann nur erfolgen, wenn einheitliche Definitionen und Vorstellungen als Orientierungspunkte festgelegt werden. Natur und die Natürlichkeit des Menschen werden dabei immer noch als Ausgangs-punkt einer Legitimation gesellschaftlicher Ungleichheit und politischer Macht-spiele verstanden. Laut Wiebicke (2013, S. 208) ginge es nicht primär darum, die Natur zu erkennen, sondern darum, sie anzuerkennen. In den Augen des Philo-sophen Savulescu jedoch sei dies in keiner Weise für das Individuum oder für die Gesellschaft in großem Maße relevant (vgl. Paulson, 2015).

3.2 Freier Wille in der Wettbewerbsgesellschaft

Da sich die Bereiche der ethischen Evaluation mit den intimsten Entscheidungs-situationen eines Menschen befassen, muss hier zudem die Rolle des eigenen Willens einbezogen werden. Wie weit darf die Ethik über den Willen des Individuums (zum Wohl anderer) urteilen oder entscheiden? In der heutigen Zeit, in der Gefühle schnell ökonomisiert und die Ökonomie emotionalisiert werden (vgl. Wiebicke, 2013, S. 140), ist die Frage, ob es in unserer Gesellschaft generell möglich ist, mit einem freien Willen zu leben, ein auf den ersten Blick schwieriges Unterfangen. Schon seit den 1990er Jahren wird an die eigenen Antriebskräfte des Menschen appelliert. Die hohe Eigenverantwortung eines selbstbestimmten Lebens und das permanente Arbeiten an sich selbst zur Überwindung eigener Schwächen[13] wird zur flächendeckenden Bewegung (Bröckling, 2007; Wehling, 2008, zit. nach Viehöfer & Wehling, 2011, S. 13) und führte zu einer Spirale aus Erwartung und Optimierung, die auch heute noch wirkt. Dazu kommt die politische und durch Medien angefeuerte Sorge vor Leistungsschwäche, Degeneration, Überalterung, Sterilität, die dem Konstruieren des perfekten Menschen Rückendeckung bietet und sich in einer gesteigerten Selbstreflexivität und der Bewertung des eigenen Erscheinungsbildes, gemessen etwa an den Stars der Social Media Kanäle, entlädt. Dabei ist das konkrete Ziehen einer Grenze zum Enhancement nicht immer leicht – verbessert sich der Mensch doch bereits tagtäglich durch Haare kämmen, Make-up oder das Tragen einer Brille.

Nach Ansicht des Bioethikers Savulescu sind die generellen ethischen Bedenken gegenüber einer optimierbaren menschlichen Biologie keinesfalls aufrechtzuerhalten. In ihren Augen ist es sogar eine ethische Verpflichtung der Eltern, ihren Kindern ein bestmögliches Leben zu ermöglichen und damit auch ihre Biologie zu optimieren. Genauso wie es Pflicht sei, eine Krankheit zu behandeln, sei es nur ein logischer Gedankengang, auch die biologischen Grundlagen zu ,behandeln' und zu verbessern (vgl. Viehöfer & Wehling, 2011, S. 7). Bleibt anstelle einer generellen Entscheidung – dafür oder dagegen – nur noch ,Enhancement A' und ,Enhancement B'? Viehöver und Wehling bezeichnen Autonomie treffend als „keine umfassende Freiheit, sondern das Recht auf die Entscheidungsfreiheit im chirurgischen Supermarkt" (vgl. Viehöfer & Wehling, 2011, S. 86); Wiebicke sieht die individuelle Autonomie durch eine liberale Ethik so gestärkt, dass sie sehr leicht zum Dogma werden könnte (vgl. Wiebicke, 2013, S. 13) (Abb. 3).

Durch den gesellschaftlichen Druck und vorselektierten Entscheidungsraum wird die Grenze zwischen dem, was wir wirklich wollen und dem, was wir zu wollen haben, zunehmend unklarer. Im Vordergrund stehen Attribute, die es zu erreichen gilt – nach gesellschaftlichen und politischen Normen, die viel zu selten mit dem abgeglichen werden, was das Individuum für wirklich wichtig hält. Zur

---

[13] Dies wird auch in der Werbesprache deutlich: „Jeder Tag ein bisschen besser!" (REWE, 2006); „Vorsprung durch Technik" (Audi, 1986): „Streben nach Vollendung" (Lexus, 2004); „Nichts ist unmöglich" (Toyota, 1985); „Das Beste oder nichts!" (Mercedes-Benz, 2010).

internen Evaluation wird daher eine differenzierte, transparente und öffentlich-politische Auseinandersetzung benötigt, um demokratisch darauf Einfluss nehmen zu können, wie viel Raum und welche soziale Bedeutung zukünftige Praktiken und Techniken für die Verbesserung des Körpers haben sollen. Denn die Entscheidungen, die wir in den derzeitigen (medizinischen) Thematiken treffen, sind die festgelegten Pfade für nachfolgende Generationen, besonders in Bezug auf irreversible und möglicherweise vererbbare genetische Veränderungen. Unsere Entscheidungsfreiheit von heute bedeutet also die Unfreiheit von morgen (vgl. Wiebicke, 2013, S. 146).

Den Entscheidungen der klinischen Ethik gehen meist lange Evaluations-prozesse voraus. Hier tritt die Ethik als Lehre von Moral in Kraft. Sie steht für ein systematisches Nachdenken über moralische Entscheidungen der Vergangen-heit, Gegenwart und Zukunft (vgl. WMA, 2005, S. 12) und wirkt eng mit den gegebenen Gesetzen zusammen. Einige medizinische Situationen werden bereits rechtlich geregelt und sind nach genauen Abläufen zu behandeln. Durch den technischen Fortschritt kommen jedoch immer neue Aufgabenbereiche der Ethik hinzu. Die Evaluierung von Enhancement-Praktiken muss hier differenzierter ausfallen und vor allem drei Knotenpunkte berücksichtigen: Sind die Folgen reversibel oder irreversibel? Entscheidet sich eine Person aus kompetitiven oder nicht kompetitiven Gründen für oder gegen ein Enhancement? Wie ein-schneidend ist der Grad der Manipulation? Savulescu sieht hier auf lange Sicht kein Problem mit der Akzeptanz von neuen Technologien wie genetischen Ein-griffen oder menschlichem Klonen. In seinen Augen wird der Mensch früher oder später alles akzeptieren, solange er einen Nutzen darin sehen kann (vgl. Paulson, 2015). Dabei können Optimierungstechnologien die Ungleichheit in der Bevölkerung extrem vorantreiben, wenn das Enhancement einen ökonomischen Wert bekommt. Wie kann man der Kluft zwischen arm und reich Einhalt gebieten, wenn sich Reiche eine Optimierung leisten können und Ärmere dem Wettbewerbsnachteil überlassen werden? Gegenläufige Stimmen versprechen sich von der Enhancement-Technologie einen Ausgleich der Reichtum-Armut-Schere, da sie zur gezielten Förderung Benachteiligte genutzt werden könne (Buchanan et al., 2000, zit. nach Schöne-Seiffert & Stroob, 2015, S. 6) und eine Möglich-keit biete, die naturgegebene und soziale Lotterie zu kompensieren (Galert et al., 2009, S. 45–46, zit. nach Schöne-Seiffert & Stroob, 2015, S. 6). Die Abwägung dieser Vor- und Nachteile, Folgen, Risiken und Chancen liegt im Zentrum der ethischen Auseinandersetzung und Evaluation. Die Ethik fungiert jedoch nicht nur als stiller Beobachter und Entscheidungsgeber, sie wird mehr und mehr zur Teilnehmerin und zur parteilichen Protagonistin in Auseinandersetzungen, Ent-scheidungssituationen und Debatten (vgl. Viehöfer & Wehling, 2011, S. 41).

Abb. 4 Wer schützt das Leben jetzt – und wer entscheidet über den Beginn und den Wert des Lebens in Zukunft?

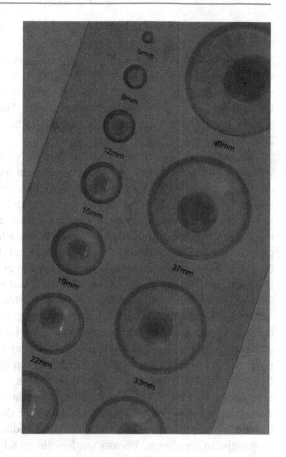

3.3 Zwiespalt zwischen Erfolg und Ethik

Darüber hinaus dient Ethik als Puffer zwischen wissenschaftlichem Druck und gewissenhaftem Handeln. Besonders in der Forschung nimmt der Erfolgsdruck durch eine beschleunigte Wissenschaft zu (vgl. Ludwig, 2008, S. 16). Oft werden Risiken einzelner Forschungsvorhaben ausgeblendet, um Raum für neue Ansätze zu schaffen. Dahinter verbirgt sich die sogenannte Dual-Use-Problematik: Wichtige und nützliche Forschungsergebnisse können leicht zu schädlichen Zwecken missbraucht werden (vgl. Deutsche Forschungsgemeinschaft, 2014, S. 6). So können Fortschritte der Materialforschung in der Verteidigungstechnik zu der Entwicklung von Angriffswaffen führen, die Erforschung von Mikroorganismen und Toxinen zur Herstellung neuer Biowaffen genutzt werden, oder Arbeiten zum Schutz gegen Computerviren auch Anleitungen für die Verbreitung von Viren liefern (vgl. DFG & Leopoldina, 2014, S. 9). Dieses Risiko abzuwägen stellt besondere Anforderungen an den Forscher und verlangt, eine persönliche Entscheidung über die Verantwortbarkeit seiner Forschung zu treffen und die eigenen Ambitionen gegebenenfalls zurückzustellen (vgl. DFG & Leopoldina, 2014, S. 8).

Die wichtigste Einschränkung willkürlicher wissenschaftlicher Forschungsvorhaben sind die bestehenden rechtlichen Regeln und Vorschriften. Die Freiheit der Forschung ist zwar im Grundgesetz besonders geschützt (vgl. GG: Art. 5(3)), jedoch unterscheiden sich die Gesetze von Land zu Land erheblich (WMA, 2005, S. 14). Und gerade im Bereich der Medizin kommt die Freiheit oft mit weiteren regulierenden Schutzformalitäten in Konflikt. Vor allem in medizinischen Fällen geraten Ärzte häufig in einen Loyalitätskonflikt, bei dem sie das Interesse Dritter über das des Patienten stellen müssen, etwa, wenn eine hoch ansteckende Krankheit gemeldet werden muss oder der Verdacht auf eine Straftat (wie beispielsweise Kindesmissbrauch) im Raum steht (vgl. WMA, 2005, S. 54).

Großes Konfliktpotenzial birgt die Forschung im Bereich der Genetik, bei der lebendes Material erzeugt werden kann. Sie ist durch das Grundgesetz eingeschränkt: „Jeder hat das Recht auf Leben und körperliche Unversehrtheit." (GG: Art 2(2)). Doch ab wann ist ein Zellhaufen ein Lebewesen? In der Zellforschung wird das durch das Gesetz zum Schutz von Embryonen (Embryonenschutzgesetz – EschG) geregelt. Hier versucht der Staat, missbräuchliche Anwendungen von Fortpflanzungstechniken oder die Verwendung von menschlichen Embryonen, deren Selektion oder die Handhabung von Präimplantationsdiagnostik zu regulieren. Ebenso werden die rechtlichen Folgen bei Eingriffen in die Keimbahnzellen, Klonen, das Schaffen von Chimären und Hybriden aufgeführt (vgl. EschG). Dadurch käme die Forschung ab einem gewissen Punkt mit dem Gesetz in Konflikt und muss die Arbeit in diese Richtungen einstellen. Weitere Erkenntnisse liegen somit außerhalb des behandelbaren Bereichs der Wissenschaft und damit weiter im Reich der bloßen Möglichkeit (Abb. 4).

4 Interdisziplinarität in den Wissenschaften

Um zu neuen Erkenntnissen in den einzelnen Forschungsbereichen zu gelangen, ist eine verbesserte interdisziplinäre Zusammenarbeit zwischen verschiedenen Wissenschaftsbereichen unumgänglich. Die Pluralität des Wissens[14] verlangt eine Beteiligung von wissenschaftsexternen Akteuren, um neues Wissen erzeugen zu können (Wagner & Kropp, 2007, zit. nach Ludwig, 2008, S. 17). Dabei können sowohl naheliegende als auch entfernte Wissenschaftsbereiche, Kreative, Visionäre und Mathematiker neue und anregende Ergebnisse hervorbringen. Die Überschreitung disziplinärer Grenzen wird vor allem auf Feldern nötig, die von politischer und sozialer Relevanz sind, wie etwa Bereiche der Bildung, Wirtschaft, Technologie, Politik oder Ökologie (vgl. Ludwig, 2008, S. 13). Die allgemeine Stimmung, Interdisziplinarität zu fördern, kann hier auch als Reaktion auf einen Bedarf der Öffentlichkeit gewertet werden, deren Vertrauen in die Wissenschaft im Zuge der Postmoderne rückläufig und deren Enttäuschung über einseitige Disziplinen zur Lösung gesellschaftlicher Probleme, gewachsen ist (Wehner, 1995, zit. nach Fuest, 2004, S. 2). Interdisziplinarität gilt somit als ein sowohl wissenschaftlicher als auch sozialer Prozess (vgl. Fuest, 2004, S. 2), der durch das Aufeinandertreffen inkompatibler Wissenschaftskulturen ernsthafte institutionelle Probleme aufwirft (vgl. Fischer, 2011).

Viehöver und Wehling sehen vor allem in soziologischen Analysen eine Möglichkeit, Hintergründe und Antriebskräfte der Grenzverschiebungen aufzuklären, sowie die verschiedenen Interessenslager und Deutungsmuster sichtbar zu machen. Dadurch erhoffen sie sich eine Schärfung des gesellschaftlichen Differenzierungsvermögens und eine reflexive Distanz zu Versprechungen der Biomedizin und Bioethik. Gleichzeitig sollen gesellschaftliche Handlungsräume offengehalten und erweitert werden (vgl. Viehöfer & Wehling, 2011, S. 42).

Natürlich besteht die Möglichkeit, dass diese interdisziplinären Erkenntnisse mit neuen Erkenntnissen die bisherige Forschung negativ beleuchten oder sich erst dadurch mögliche negative Folgen herauskristallisieren; so etwa geschehen an der biowissenschaftlichen Fakultät der University of Western Australia. Dort wurde die Möglichkeit geschaffen, unabhängig und kreativ mit dem Züchten von Gewebe zu forschen. Oron Catts und Ionat Zurr schufen in diesem Umfeld

---

[14] Pluralität des Wissens heißt: Koexistenz verschiedener wissenschaftlicher Ansichten und Erkenntnisse in einer Gesellschaft und eine daraus resultierende Annahme einer Vielzahl grundlegender und irreduzibler Ebenen in der Welt.

Abb. 5 Wissenschaftsexperiment oder Designprojekt? Bei genauerem Hinsehen entdecken wir vielleicht mehr Gemeinsamkeiten, die uns verbinden, als Differenzen, die uns trennen?

das Projekt *Victimless Leather:* eine kleine Gewebeprobe in der Form einer Lederjacke. Das lebende Projekt wurde während einer Ausstellung präsentiert und wucherte dort ab einem bestimmten Zeitpunkt gänzlich unkontrolliert. Schließlich wurde es von seinem Nährboden abgekapselt. Dies ruft die Frage auf den Plan, wie man mit lebenden Kunstprojekten umzugehen habe (vgl. Dunne & Raby, 2013, S. 55) und weiter, wie ein ethisch korrekter Umgang mit Leben in Forschungseinrichtungen aussehen müsse.

Skeptiker der Interdisziplinarität sehen in ihr eine nutzlose und überflüssige, manchmal sogar schädliche Erscheinung. Ihnen zufolge können die Probleme, die dort behandelt werden, von vornherein nicht disziplinär zugeordnet werden (vgl. Fischer, 2011). Doch die Menschheit sieht sich aktuell Problemen ausgesetzt, die fachintern nicht zu lösen sind und einer weit gefächerten, interdisziplinären Auseinandersetzung bedürfen. Dabei handelt es sich um große technische Gegenwarts- und Zukunftsprojekte wie Klimawandel, Energieversorgung, atomare Endlager, Klimawandel, Wasserversorgung, Raumfahrt oder Asteroidenabwehrsysteme. Neue technische Fortschritte eröffnen Fragen auf sozio- und biotechnischer Ebene, wie sie in der Robotik[15] und Genetik stattfinden. Dazu kommen andauernde Problematiken wie Kriege, Terrorismus, Migration oder die Überalterung der Bevölkerung (vgl. Fischer, 2011).

Wo disziplinäre Lösungsansätze versagen, bleibt nur die grenzüberschreitende Suche nach Antworten und Lösung dieser existentiellen Probleme, was eine Bereitschaft der internen Auseinandersetzung erfordert. In der interdisziplinären Forschung sind, wie bei jeder Teamarbeit, Probleme zu erwarten, die meist dann entstehen, wenn die verwendeten Strukturen der beteiligten Perspektiven gegenläufig oder nicht kompatibel sind (vgl. Busse, 2008, S. 76). Als typische Hürden werden beispielsweise unterschiedliche Fachsprachen, disziplinäre Realitätswahrnehmung, Vorurteile und divergierende Theorien und Methoden genannt (vgl. Ludwig, 2008, S. 291). Auch unterschiedliche Zeitspannen in der Auswertung und Untersuchung der Forschungsgegenstände erschweren die Zusammenarbeit (vgl. Fuest, 2004, S. 7). Da die Akteure zudem meist nur Experten in ihrem eigenen Bereich sind, bekommt eine übermäßige Vermischung schnell den Anschein von Oberflächlichkeit. Entscheidend ist demnach eine gute Balance zwischen disziplinärer Expertise und interdisziplinärer Aufgeschlossenheit. Erschwerend gibt es – neben klar organisierten Wissenschaften wie den historischen-, technischen- und den Geisteswissenschaften – eine ganze Reihe von Bereichen, die schwer einzuordnen sind, da sie mehrere Felder vereinen oder von Grund auf interdisziplinär aufgestellt sind. Dazu gehören etwa die Bereiche Sozialpsychologie, Biochemie oder Astrophysik.

Eine weitere Hürde, die praktizierter Interdisziplinarität im Weg steht, ist der naturwissenschaftliche „Sein-Sollen-Fehlschluss": Die Theorie liefert etwa in biologischer Forschung zutreffende Ergebnisse, die aber auf sozial- und geisteswissenschaftlicher Ebene zu falschen Schlüssen führen (vgl. Viehöfer & Wehling, 2011, S. 75). Dabei gilt: Aus Fakten lassen sich nicht automatisch generelle Normen ableiten. Forschungs- und Rechercheergebnisse oder Zwischenstände

---

[15] Der Ansatz von Robotergesetzen (Isaac Asimov, 1942: „Die Asimov'schen Gesetze") soll die Existenz von Robotern regulieren: Darunter fallen Regeln zum Schutz der Gesundheit und des Gehorsams gegenüber dem Menschen, sowie des Schutzes des Roboters selbst (vgl. Asimov, 2014).

der Wissenschaften sind zudem nicht leicht zu kommunizieren: Um mit neuen Erkenntnissen der Wissenschaften nicht direkt Irritationen beim (wissenschafts-externen) Betrachter auszulösen, bedarf es einer Transformation der Inhalte (vgl. Ludwig, 2008, S. 21) und der richtigen Kommunikation zwischen allen Akteuren. Interdisziplinäre Arbeit ist nur dann möglich, wenn der Wissenschaftsbereich des Gegenübers für den Forscher verständlich und nachvollziehbar, sprich: zugänglich gemacht wird. Janine Rehfeldt spricht daher der Kommunikation in der Zusammenarbeit zwischen den verschiedenen Fachrichtungen, die sich als Experten ihres eigenen Feldes erstmals begegnen, eine besondere Rolle zu und sieht es als integralen Bestandteil des Expertenbereiches an, sein Wissen zu kommunizieren (vgl. Rehfeldt, 2008, S. 267 f., 273). Der Experte muss sein verdichtetes Wissen und die damit erworbene Expertise auf eine verständliche Sprache reduzieren (vgl. Rehfeldt, 2008, S. 272) und eine Verschränkung von Sach- und Organisationsebene mit dem Kollegen innerhalb eines interdisziplinären Projekts zulassen (vgl. Fuest, 2004, S. 2).

Weiterhin ist der Lohn der Wissenschaft weitgehend Reputation und Status. Dies setzt bei hoher Konkurrenz herausragende Erfolge innerhalb des eigenen Fachbereichs voraus – ein Kontrast zum Bemühen um Interdisziplinarität. Die disziplinär verstandene, akademische Wertschätzung fördert also eher ein weiteres Auseinanderdriften der Disziplinen als die Suche nach Gemeinsamkeiten (vgl. Fuest, 2004, S. 11). Somit sieht sich die interdisziplinäre Zusammenarbeit einer weiteren, grundlegenden Hürde gegenübergestellt (Abb. 5).

5   Zwischenfazit

Das Verhältnis zwischen fortschrittlicher Erwartung, technologischer Entwicklung und den Bedürfnissen des Menschen nach Sicherheit und Stabilität wird immer komplexer. Die bisherige Arbeitsweise der Forschung mit einem streng disziplinären Ansatz wird diese Problematiken nicht in den Griff bekommen können, sondern eher dazu beitragen, dass mögliche Lösungsansätze durch veraltete Denkmuster übersehen werden. Dazu kommt eine zunehmende Bedeutung der Ethik und der ethischen Evaluation, die der strengen Wissenschaft durch Abwägung, Empathie und im besten Falle individueller Betrachtung gegenübersteht. Die Lösung liegt irgendwo dazwischen. Daher findet sich in fächerübergreifender Zusammenarbeit und interdisziplinärem Austausch die Möglichkeit, eigene Ansichten zu überwinden und neue Erkenntnisse mit eigenen Ergebnissen sinnvoll zu verknüpfen. Hier nimmt die Kommunikation zwischen den Wissenschaften eine ausschlaggebende Rolle ein. Um diese Interaktion wirksam zu gestalten, müssen bisherige, veraltete Denkweisen zurückgestellt werden und ein kollektives Zusammendenken entwickelt werden. Grenzziehungen zwischen den Disziplinen müssen definiert werden und die Inhalte (durch eine sinnvolle Kommunikationsstrategie) für andere Wissenschaftler und die Öffentlichkeit zugänglich gemacht werden. Dies benötigt neben der Bereitschaft zur Kooperation auch einen Moderator, der beide Seiten beim Austausch unterstützt, Hindernisse erkennt und Bedürfnisse als neutrale Figur aufzeigt. Ein neuer Forschungsbereich, der diese Kommunikation gewährleistet, den einzelnen Forschungsrichtungen genug Raum und Flexibilität bietet und als Vermittler dient, könnte hier die Brücke zwischen den Disziplinen schlagen und vor allem bei der ethischen Evaluierung richtungsändernder Technologien und Methoden ausschlaggebende Hinweise geben. Ein solcher Ansatz wird im Folgenden vorgestellt.

6 Biospekulatives Design

6.1 Hinführung

Das Biospekulative Design beschreibt einen neuen Forschungsbereich an der Schnittstelle von Medizin, Design und Bioethik. Die Intention liegt darin, die Interdisziplinarität zwischen fachfremden Wissenschaften und der Medizin zu verbessern und mit dem Einsatz von Designlösungen die schnellere Bewertung und ethische Evaluierung biotechnischer Entwicklungen zu ermöglichen. Durch die Visualisierung von Forschungsergebnissen, Problematiken und Diskussionsinhalten wird die Kommunikationsbarriere der disziplinären Fachsprachen und des unterschiedlichen Verständnisses von Zusammenhängen und Inhalten umgangen, eine visuelle Basis geschaffen und somit auch nicht nur professionelle Experten, sondern auch ein breites Publikum zu Diskussion und Interaktion eingeladen.

Durch realitätsnahe und futuristische Spekulationen, durch Vermutungen und Skizzierungen von Gedankenexperimenten, können mögliche Folgen und Konsequenzen dargestellt und so die Bedeutung und die möglichen Konsequenzen der Forschung in Erinnerung gerufen werden. Der Zweck besteht darin, den Zielen auf die Spur zu kommen, welche die Gesellschaft unabhängig vom aktuellen Stand der Dinge tatsächlich für wichtig und erstrebenswert hält. Die Philosophin Susan Neiman bringt die Wechselwirkung von Idealen und Realität auf den Punkt: „Ideals are not measured by whether they conform to reality; reality is judged by whether it lives up to ideals" (zit. nach Dunne & Raby, 2013, S. 12).

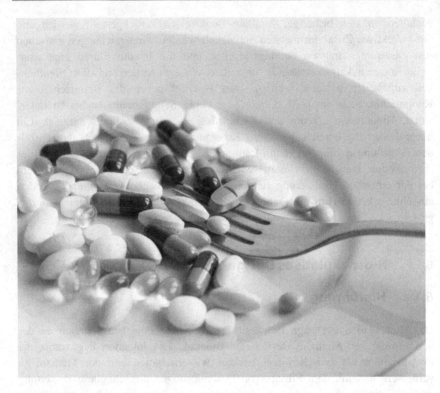

Abb. 6 Sieht so eine erstrebenswerte Zukunft aus?

Zusammengefasst bietet das Biospekulative Design Raum für freie Meinungsäußerung und geschützte Gedankenexperimente, die in einem inter- und multidisziplinären Umfeld auf Anwendbarkeit, Chancen und Risiken bezüglich der teilnehmenden Fachbereiche geprüft werden. Dabei nutzt es die kommunikative Natur und die kreative Fähigkeit des Designs.

6.2   Das Design als Protagonist lösungsorientierter Prozesse

Das Design und seine Prozesse sind nach Victor Papanek fester Bestandteil menschlicher Aktivität als solcher. Papanek definiert es als „das Planen und Abstimmen einer Handlung auf ein gewünschtes, vorhersehbares Ziel" (Papanek, 1972, zit. nach Wendel, 2019). Bedeutung und Selbstverständnis des Designs haben sich in den letzten Jahrzehnten stark geändert: In den 1960er und 1970er Jahren erschufen Studios wie Archigram, Superstudio und Ant Farm[16] kritisches und provokatives Design mit großer Nähe zu den bildenden Künsten und der Architektur. Nachdem das Design in den 1980er Jahren stark kommerzialisiert wurde, fand es Ende des 20. Jahrhunderts seinen Platz in einer individualistischen, konsumorientierten Spaßgesellschaft. Aus einigen wenigen, großen kollektiven Träumen wurden unzählige kleine individuelle Wünsche. Heute ist die Zeit der alternativen Lebensweisen gekommen – und damit die perfekte Zeit, wieder zu träumen (vgl. Dunne & Raby, 2013, S. 6–9) und zu spekulieren.

Design kann dabei eine entscheidende Schlüsselrolle übernehmen und durch eine zukunftsgerichtete Position Träume in die Welt des Realisierbaren transformieren. Es vermag Zugang zu allen möglichen Zukunftswelten zu eröffnen, die dann diskutiert und genutzt werden können, um eine vom Kollektiv bevorzugte, erstrebenswerte Zukunft zu ermitteln (vgl. Dunne & Raby, 2013, S. 6). Die Gesellschaft mit in das spekulative Design und das „future thinking" einzubeziehen, kann sich positiv auf die Gegenwart auswirken, wenn dadurch neue Sichtweisen und Ansätze von Problemlösungen und Diskussionen eröffnet werden (vgl. Montgomery & Woebken, 2016, S. 31). Somit können Spekulationen Anreize schaffen für zukünftige tief greifende Veränderungen in Gesellschaft und Politik. Laut Papanek hat das Design die Macht, den Menschen selbst zu ändern, indem es das „Verwandeln der Umgebung und Werkzeuge des Menschen" zur Aufgabe hat (Papanek, 1972, zit. nach Wendel, 2019). Dieser Wandel kann sich in vielerlei Weise zeigen: in Propaganda, Kunst, Terrorismus, semiotischer und unterbewusster Kommunikation (z. B. das Beeinflussen durch Verknappung von Optionen). Dunne und Raby sind der Ansicht, dass Veränderung im Individuum selbst beginnt und es daher notwendig ist, diesem Individuum viele Möglichkeiten darzulegen, damit es zu einer Meinungsbildung kommen kann (vgl. Dunne & Raby, 2013, S. 160).

Dazu ist Fingerspitzengefühl gefragt. Wo man etwa mit Kunst vor allem schockierende und extreme Darstellungen verbindet, orientiert sich das kritische

---

[16] Die Studios Archigram (gegründet 1960, Großbritannien) und Superstudio (gegründet 1966, Florenz) entstanden aus Gruppen von Architekten und machten durch ihr neofuturistisches Design auf sich aufmerksam. Das Studio Antfarm (gegründet 1993, USA) startete mit einer Gruppe von Designstudenten der North Carolina State University.

Design nahe am Alltäglichen. Der Einsatz von Parodien und Persiflagen[17] sollte jedoch vermieden werden (vgl. Dunne & Raby, 2013, S. 94). Somit umfasst die Aufgabe des Designers und des Designs nicht nur eine Zufriedenstellung des Kunden, sondern auch eine Bewertung und eine Bewusstseinsbildung über die möglichen Auswirkungen des Designs. (Romero-Tejedor, 2007, zit. nach Wendel, 2019) Design zeigt Probleme abstrahiert auf und lässt eine fiktive Auseinandersetzung mit ethischen und sozialen Problemen zu. Die ethische Unterscheidung zwischen richtig und falsch ist dabei kein abstrakter Faktor, sondern beeinflusst tagtäglich die Entscheidungen der Menschen (vgl. Dunne & Raby, 2013, S. 51). Die mentale Auseinandersetzung mit dem Design mag einen gewissen Kraftaufwand erfordern – sie führt jedoch dazu, dass der Betrachter sich aktiv mit den Inhalten auseinandersetzt und sie nicht nur konsumiert. Dazu muss einerseits eine gewisse Aufnahmebereitschaft seitens des Betrachters vorhanden sein. Andererseits bedarf es der Fingerfertigkeit des Designers, gezielt die Vorstellungskraft im Betrachter zu wecken (vgl. Dunne & Raby, 2013, S. 90–91) (Abb. 6).

Doch wie entstehen diese Spekulationen? Wie verbindet man Realität und Fiktion (vgl. Dunne & Raby, 2013, S. 101)? Oft beginnt das Eröffnen von Spekulationen mit einer ‚Was wäre, wenn?'- Fragestellung. Idealerweise besitzt die betrachtete Situation einen provokativen, verständlichen und fiktionalen Charakter. Dadurch wird der Betrachter dazu angehalten, seine Vorstellungskraft einzusetzen. Er vergleicht die Dinge nicht mit der ihm bekannten Realität, sondern beginnt zu überlegen, wie sie stattdessen sein könnten (vgl. Dunne & Raby, 2013, S. 3). Die Gegenstände des Designs sollten real erscheinen, aber gleichzeitig ihre fiktive Natur zeigen, plausibel sein, aber unglaublich (vgl. Dunne & Raby, 2013, S. 96).

Aktuelle Technologien im Bereich der Biotechnologie scheinen dem Design eine neue Bedeutung zu geben und die Grenzen zwischen Realität und Fiktion weiter aufzulösen: Wenn Tiere geklont und genetisch manipuliert werden, um unseren enormen Nahrungsbedarf zu decken, oder menschliche Babys erzeugt werden, um als Organ- und Gewebespender für ihre Geschwister zu dienen, findet Design sogar auf biologischer Ebene statt. Es wird nicht nur die Umgebung gestaltet, sondern das Leben selbst (vgl. Dunne & Raby, 2013, S. 48). Um den neuen Fokus auf die Frage zu richten, was es heißt, menschlich zu sein und unsere Beziehung zur Natur, sowie unsere neu erworbene Macht über das Leben einordnen zu können, erfordert es neue Designmethoden, die über Produkt

---

[17] Dazu zählen auch Cartoons oder Karikaturen.

und Technologie hinausgehen. Gefragt ist hier ebenso eine Konzeptions- oder Forschungsebene wie diskussionsbefeuernde Spekulationen und Fiktionen (vgl. Dunne & Raby, 2013, S. 49).

6.3 Die Spekulation als Designwerkzeug

Die Spekulation (von lat.: speculari = beobachten, erspähen), bedient das menschliche Bedürfnis nach Sicherheit und Wohlstand, indem sie als Erkenntnisinstrument das (meist) optimistische Aufzeigen von Möglichkeiten und Fantasien über eine bessere Zukunft auslösen kann (vgl. Pricken, 2014, S. 175). Spekulationen sind eng mit dem Prinzip der Hoffnung verknüpft. Der Innovationsforscher Mario Pricken zeigt dies am Beispiel einer Regenwolke: Basierend auf seinen Erfahrungswerten wird ein Bauer beim Anblick dieser Wolke freudig auf Regen spekulieren, der Urlauber hingegen hat im gleichen Szenario eher Sorge vor einem regenbedingten Urlaubsausfall. Laut Pricken sind Spekulationen, die sich auf Fantasie und Hoffnung stützen, emotional aufgeladen und überwiegend intuitiv. Der Wert und die Bedeutung optimistischer Spekulationen zukünftiger Entwicklungen können eine Aufbruchsstimmung auslösen und Projekte entstehen lassen, die unter rationaler und logischer Sicht niemals ihre Rechtfertigung gehabt hätten. Schnell käme der Urheber dann in die missliche Lage, eine Begründung für zuvor irrational getroffene Entscheidungen finden zu müssen (vgl. Pricken, 2014, S. 174). Dies gilt vor allem dann, wenn die Folgen dieser Spekulation negative Spuren hinterließen. Das Design bietet darüber hinaus Experten die Chance, der Vorstellungskraft freie Bahn zu gewähren und weitere, gemeinsame Spekulationen hervorzubringen. Das kann helfen, heutige Faktoren zu ermitteln, die die Wahrscheinlichkeit einer erstrebenswerten Zukunft ausmachen (vgl. Dunne & Raby, 2013, S. 6). Dabei kann die Vorstellungskraft in kleiner und großer Skalierung genutzt werden, etwa um sich selbst den Bedingungen der Umgebung anzupassen (etwa, wenn man überlegt, was man zu Abend essen könnte, oder ob es sich lohnt, einen Regenschirm einzupacken) oder globale Auswirkungen abzuschätzen (beispielsweise die Frage, was geschieht, wenn die Ressourcen versiegen).

Um mögliche Zukunftsszenarien zu visualisieren und als Diskussionsgegenstand greifbar zu machen, gibt es hier verschiedene Ansätze: Elliott Montgomery und Chris Woebken stellen in ihrem Werk *Extrapolation Factory* einige Methoden der Zukunftsspekulation dar. Hier beschreiben sie verschiedene mögliche Zukunftssituationen anhand von vier Säulen, auf denen die Spekulation gestützt ist: Wachstum (Produktion, Bevölkerungszuwachs,

Abb. 7 Das gedruckte Buch

Konsum), Kollaps (Zerfall bestehender Strukturen), Disziplin (Ordnung und Sorgfalt) und Veränderung (ideologischer, spiritueller oder technologischer Wandel) (vgl. Montgomery & Woebken, 2016, S. 44). Darüber hinaus lässt sich die Zukunft in vier Bereiche („future scopes") einteilen: Die „probable future", die ein sehr wahrscheinlich eintretendes Ereignis beschreibt (wie etwa die Aussage, dass man morgen wie immer zur Arbeit gehen wird oder dass morgen ein neuer Tag anbricht), Ereignisse also, die nur durch extreme Einflüsse verhindert werden können (wie Kriege oder einen totalen Zusammenbruch). Die „plausible future", die sich auf Planung und Vorhersage stützt und beschreibt, wie man sich in gewissen zukünftigen Situationen verhalten sollte (man fährt in eine unbekannte Gegend und nimmt ein Navigationsgerät mit, da man sich vermutlich nicht auskennen wird). Die „possible future", eine Spekulation, die sich am Rande der Realität bewegt. Sie zeigt, dass schwer vorstellbare Szenarien eintreten könnten, wenn sie wissenschaftlich erklärbar sind und es einen Weg vom Hier-und-Jetzt in die beschriebene Situation geben kann (zum Beispiel das Erlangen von Superkräften, wenn man von einer zuvor genetisch manipulierten

Spinne gebissen wird). Und zuletzt die „preferable future", die sich in der Schnittmenge von *probable* und *plausible future* wiederfindet und wünschenswerte Zukunftsszenarien beschreibt. Bei der Bewertung einer spekulativen Situation wird diese auf die vier Zukunftsbereiche angewandt und nach technologischen, ökologischen, sozialen, politischen und ökonomischen Faktoren gefiltert. Die daraus entstehende Zukunftsspekulation schafft nun Hinweise auf Bedürfnisse und Probleme, die behandelt und im besten Falle gelöst werden können (vgl. Montgomery & Woebken, 2016, S. 43). Die Fotografin Jaemin Paik beschäftigte sich 2012 mit der Frage, wie eine Gesellschaft aussehen würde, in der die Menschen 150 Jahre alt werden. Sie schuf das Szenario von bis zu sechs Generationen, die gleichzeitig leben würden und große Altersunterschiede zwischen den Familienmitgliedern erfahren müssten. Würde dies zu einem neuen Verständnis von Familie führen? Wäre es finanziell tragbar und welche Rolle würden traditionelle Werte einnehmen (vgl. Dunne & Raby, 2013, S. 44)?

6.4   Die Rolle der Visualisierung

Das visuelle Wahrnehmungsvermögen stellt für den Menschen, verglichen mit den anderen Sinnen, das größte Potenzial der Informationsaufnahme bereit (vgl. Ertl & Keim, 2004, S. 109). Zudem ist bekannt, dass das Gedächtnis Informationen leicht in der Form von Bildern speichert (Sperling, 1960, zit. nach Bergedick et al., 2011, S. 19). Folglich können Visualisierungen erheblich zur Informationsaufnahme, Verarbeitung und Speicherung von Inhalten beitragen. Die Visualisierung komplexer Zusammenhänge dient darüber hinaus einer verbesserten Vermittlung von Forschungsergebnissen, indem sie auf Fachbegriffe verzichtet und so einen leichteren Zugang zu neuen Disziplinen bietet (vgl. Abdelfaki et al., 2017, S. 66). Sprache ist auch zumeist eine Reduktion von Komplexität und ein Versuch, sich auf das Wesentliche zu fokussieren. Sie kann demnach recht einseitig sein (vgl. Bergedick et al., 2011, S. 23). Anders die Visualisierung: Sie ist immer in Bewegung, hat Zugang zu Traum und Illusion und dennoch immer die Aufgabe, subjektive Wahrheiten sichtbar zu machen, sich Interaktionen zu öffnen (vgl. Bergedick et al., 2011, S. 24). Sie gilt als Knotenpunkt des Politischen und schafft eine Arena der Auseinandersetzung und Deutung des Visualisierten (vgl. Viehöfer & Wehling, 2011, S. 147).

Durch den Einsatz von visuellen Übersetzungen kann man innere Bilder nach außen transportieren, miteinander vergleichen und sich auf Bilder einigen, mit denen man sich weiter verständigt. Dies ist unumgänglich, um Irritationen über unterschiedliche Auffassungen zu vermeiden (vgl. Bergedick et al., 2011,

S. 21). Somit unterliegt die Visualisierung, wie jede andere Kommunikationssprache auch, verschiedenen Übersetzungs- und Wahrnehmungsweisen. Jeder Mensch besitzt eine eigene Wahrnehmung der Welt und somit eine eigene Wirklichkeit der Dinge. Die sinnlich erfassten Informationen[18] werden mit bisherigen Erfahrungen abgeglichen und gedeutet, zudem in der Zusammenwirkung mit emotionalem Befinden und sozialer Wahrnehmung interpretiert, die sich auf das Umfeld beziehen (vgl. Bergedick et al., 2011, S. 10). Daher kann man nicht von einer einzigen Wirklichkeit ausgehen, die für alle Menschen gleich erscheint. Stattdessen geht man von vielen verschiedenen individuellen Realitäten aus, die von jedem Individuum eigens konstruiert werden (vgl. Bergedick et al., 2011, S. 10). Vor allem in der Biologie findet man meist normierte Realitäten, etwa die Darstellung des menschlichen Körpers, die wohl keinem realen Körper exakt entsprechen wird. Einen idealtypischen Körper gibt es somit nicht in der Realität, aber er dient auch nicht dazu, diese abzubilden. Ein Ideal dient als Richtwert und Diskussionsgrundlage und befasst sich mit dem, was sein könnte, nicht mit dem, was ist (vgl. Viehöfer & Wehling, 2011, S. 80). Die Darstellung dieser Spekulation dient keineswegs dem Festmachen eines Ist-Zustandes, sondern nähert sich eher einer möglichen gültigen Form an, von der ausgehend alle weiteren Varianten verglichen und differenziert werden können.

Die Autoren Bergedick, Rohr und Wegener bringen die Wechselwirkung von Sehen und Verstehen auf den Punkt: „Nicht allein durch Sehen lernen wir, sondern durch das Verstehen von dem, was wir sehen. Nicht allein das Erkennen der visuellen Welt hilft uns beim Lernen, sondern wir müssen uns auch darüber bewusst sein, was wir erkennen und wie wir es erkennen, um etwas darüber zu lernen." (Vgl. Bergedick et al., 2011, S. 20) (Abb. 7).

7   Das Buch

7.1   Die Intention

Ich habe mir das Ziel gesetzt, das Biospekulative Design als neuen Forschungsbereich zu definieren und ihn Interessenten aus verschiedenen Fachbereichen auf gestalterische Weise näher zu bringen. Dabei liegt der Fokus auf einem

---

[18] Bereits in der sinnlichen Informationsaufnahme gibt es Differenzen, etwa der Sehstärke oder Hörqualität, aber auch Unterschiede in Aufmerksamkeitsspanne und Erinnerungsvermögen.

begrenzbaren Bereich aus der Schnittmenge von Medizin, Design und Bio-ethik: der Konstruierbarkeit des Menschen. Dieses Fachgebiet, das die bewusste Manipulation des Menschen durch den Eingriff in seine Natur behandelt, bietet einen enormen Bedarf an bioethischer Auseinandersetzung und Regulierung, da die Auswirkungen auf die Genetik sowie die Rolle und der Wert des Menschen weder absehbar noch im Detail kontrollierbar sind.[19]

Die ersten Gedanken, Ideen und Definitionsansätze der Arbeit finden in einem Buch (geschlossenes Format: 185 × 240 mm) zusammen. Das Medium Buch repräsentiert hier die Arbeit des Biospekulativen Designs: Es erzählt in Text und Bild, schafft dadurch etwas Neues und stellt ein Handwerkzeug dar, dass in interdisziplinärer Arbeit genutzt werden kann. Es ermöglicht dem Leser, sich in eigenem Tempo und selbstbestimmter Intensität den Inhalten zu nähern, mögliche Interessensfelder in Form von Kapiteln gezielt zu suchen und wiederholt zu lesen. Zudem lässt es sich zu Studien- und Lehrzwecken gleichermaßen nutzen. Um die selbstständige, ungestörte Auseinandersetzung sowie den Austausch gleichermaßen zu bedienen, richtet sich das Buch an Wissenschaftler und Designer und übernimmt die Rolle eines Moderators. Der Leser soll somit den Thematiken der Medizin auf die Spur kommen, die Problematiken der Bio-ethik in ihrem Zusammenhang verstehen, den Vorteil und die Notwendigkeit interdisziplinärer Arbeit in diesem Bereich erkennen und Berührungsängste gegenüber dem anderen Forschungsbereich verlieren. Zudem soll ihm Mut gemacht werden, aus den strengen Pfaden des eigenen Wissenschaftsbereiches auszubrechen und den Wert von Gedankenexperimenten, Spekulation und Träumen zu erkennen. Das Buch soll zum bewussten Evaluieren der eigenen Arbeit ermutigen und den Blick auf die Verantwortung lenken, die mit der Forschung in den beschriebenen Thematiken einher geht. Ein Buch für und von Wissenschaftlern und Designern.

Um einen angenehmen Zugang für beide Zielgruppen zu schaffen, versucht das Buch die gewohnte Optik der Wissenschaften mit der spannenden Darstellung aus dem Zuständigkeitsbereich eines Designers zu vereinen. Der Wissenschaftler, der als stark verankert in seinem Feld wahrgenommen wird, soll weder durch einen ausgefallenen Look abgeschreckt werden, noch soll die Thematik an Seriosität verlieren. Dies wird erreicht durch eine reduzierte Gestaltung, ordentliche und übersichtliche Textfelder und genügend Weißraum, um das Dargestellte in den Fokus zu setzen. Dem Designer, offener für Interdisziplinarität und fach-

---

[19] Vgl. Kapitel „Der Mensch in der Schöpferrolle".

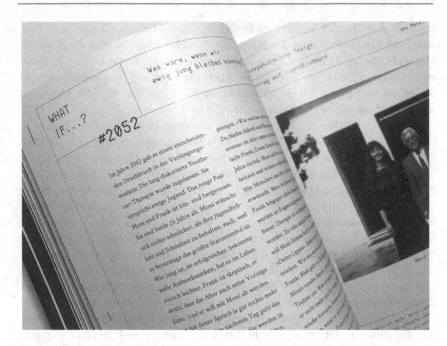

Abb. 8 Beispiel einer „What if…?"- Störerseite, die sich mit einer Spekulation narrativ auseinandersetzt

fremde Thematiken, soll die Schwere der Wissenschaft und die Berührungsangst vor Fachsprachen genommen werden. Dies geschieht ebenfalls durch eine
reduzierte Gestaltung, verbildlichte Fachausdrücke und ästhetische Designbei-
träge wie Fotos und Grafiken. Das Biospekulative Design als solches begleitet
den Leser durch das gesamte Buch und bietet bereits dadurch einen gemeinsamen
Nenner von Wissenschaft und Design.

7.2 Inhalte

Die Inhalte des Buches führen den Betrachter in die verschiedenen Bereiche des
Biospekulativen Designs ein. Um Wissenschaftler und Designer gleichermaßen
anzusprechen, werden die Inhalte so dargestellt, dass beide Parteien einen
gewohnten Zugang vorfinden. Dies soll sowohl in der Auswahl der Themen

als auch in der Darstellung und Aufbereitung geschehen. In fünf Kapiteln, mit jeweils drei Unterkapiteln, werden Bereiche der Medizin und Bioethik eröffnet:

Das erste Kapitel führt den Leser in die Genetik ein und bringt ihn mit Texten zur Genschere Crispr Cas und über die Gentherapie mit der (bioethischen) Problematik von Grenzen und Chancen biotechnologischer Fortschritte in Kontakt. Zusätzlich wurde Enhancement im Sport als Thematik mit aufgenommen.

Das zweite Kapitel behandelt das Phänomen der Medikalisierung. Durch die Unterkapitel *Entgrenzung der Medizin, Pathologisierung* sowie *Alter als Krankheit* werden biopolitische Entwicklungen unserer Zeit aufgezeigt. Durch das allgemein zugängliche Thema des Alterns wird dieses Kapitel abgeschlossen.

Das dritte Kapitel eröffnet den Bereich des Neuroenhancements. Die Behandlung von ADHS stellt ein vieldiskutiertes Thema dar. Mag es auf den ersten Blick sehr speziell wirken, steht diese Problematik doch seit langer Zeit in der öffentlichen Diskussion und somit stellvertretend für Konflikte zwischen Krankheit und Gesundheit. Daneben werden hier Persönlichkeitsentzug und IQ Grenzenlos als Anwendungsbereiche des Neuroenhancement beleuchtet. Da das Neuroenhancement bereits durch legale Substanzen wie Koffein oder Psychopharmaka verbreitet und akzeptiert ist, soll hier eine Sensibilisierung und Neubewertung auf den Weg gebracht werden.

Im vierten Kapitel wird der Transhumanismus als mögliche Folge einer konstruierten Menschheit behandelt. Hier zeigt sich, dass der Beginn des Transhumanismus – eine Verschmelzung von Mensch und Maschine – bereits längst stattgefunden hat: Das Unterkapitel *Prothetik* berichtet von einer physischen und psychischen Notwendigkeit und lenkt den Blick auf alltäglichen Prothesen. Es folgt mit Ergänzung/Erweiterung die Bewertung von Prothesen und deren sozialen Auswirkungen von Fairness und Wettbewerbsvorteil. Daneben wird im Unterkapitel mit dem Titel *Irreversibilität* auf die Macht von Entscheidungen im biotechnologischen Bereich aufmerksam gemacht und der Blick für deren Evaluation geschärft.

Im fünften und letzten Kapitel wird dem Leser die Thematik der Ethik präsentiert. Nach dem Aufbau von Grundkenntnissen der einzelnen Bereiche soll der Leser nun mit der ethischen Bedeutung dieser Themen konfrontiert werden. Dabei wird der Fokus auf den Wert des Menschen und den ökologischen Druck gelenkt. Hier wird die Forschung in den zuvor behandelten Themen sowohl begründet als auch in Frage gestellt und der Leser zu einer eigenen Meinungsbildung animiert. Schließlich eröffnet sich mit dem Unterkapitel *Biospekulatives Design* ein Werkzeug zur interdisziplinären Auseinandersetzung, ein Moderator zwischen Wissenschaften und eine Hilfestellung in ethischer Evaluation und zukunftsweisenden Entscheidungsprozessen.

Das Buch sensibilisiert den Leser gleichermaßen für aktuelle Forschungstrends, erinnert daran, bei all den technischen Möglichkeiten den Menschen nicht aus dem Fokus zu verlieren und macht Mut, die eigene Perspektive zu teilen, mit anderen zu diskutieren und kollektive Ziele zu erschaffen.

7.3   Störer

Die Kapitel werden durch einige Zusatzseiten, die sogenannten Störer, unterbrochen. Dies schafft eine spannende Komposition innerhalb des Buches und bringt den Leser dazu, das soeben Gelesene aus einem anderen Blickwinkel zu betrachten.

Als Störer fungieren unter anderem die Interviewseiten. Hier werden Ausschnitte aus thematisch passenden, eigens dafür geführten Experteninterviews abgebildet. Die Interviews wurden hierzu über einen Zeitraum von Juni 2017 bis Juni 2019 per Email erhoben. Sie umfassen eine große Bandbreite an Personen aus verschiedenen Wissenschaftsbereichen wie der Genetik (Stefan Schwarzmeier, Interview vom 06.06.2017), der Medizin (Dr. med. Werner Matlok, vom 18.06.2019), der Bioethik (Pascal Borry, vom 25.06.2019), dem Medizinrecht (Prof. Dr. Christof Stock und Charlotte Probst, vom 24.06.2019 und 29.06.2019), der Soziologie (Prof. Dr. Stefan Selke, vom 17.06.2019) und den Biowissenschaften (PD Dr. Alois Palmetshofer, vom 18.06.2019), sowie aus dem Bereich des Transhumanismus (Nikolai Horvat, vom 19.06.2019). Die Ergebnisse der Interviews sollen dem Leser neue Sichtweisen erörtern und den individuellen Umgang mit der Thematik aufzeigen. Die Fragen zielten vor allem auf die Reflexion des Themas auf das eigene Feld ab, u. a. im Bezug auf eine Einschätzung des Nutzens des Biospekulativen Designs, auf die Einordnung von Enhancement, auf die Auswirkungen von DNA-Abweichungen, auf den Wert des Menschen oder das Potenzial von Gentechnik.

Eine weitere Störer-Art stellen die ‚What If'-Seiten dar. Sie zeigen Spekulationen, die ein wenig über das Ziel des Realen hinausschießen – und somit genau das bezwecken sollen, was Spekulation bietet: Raum für Gedankenexperimente, Diskussionen und das Evaluieren extremer Folgen (bio-) technologischer Entwicklungen. Die Optik eines Formulars holt die Zukunftsspekulation zurück in die Gegenwart und lässt eine sachliche und nüchterne Betrachtung zu (Abb. 8).

Die Störerseiten unter dem Titel *Wissenschaft & Design* dienen dazu, die Vorteile interdisziplinärer Arbeit zusätzlich aufzuzeigen. Hier werden Gemeinsamkeiten zwischen Wissenschaft und Design beleuchtet und auf diese Weise Berührungsängste abgebaut. Wo arbeitet ein Wissenschaftler nach Designmethoden? Wo nutzt ein Designer Praktiken der Wissenschaft? Und wie lassen sich die beiden Bereiche vereinen?

7.4 Experimente und Abbildungen

Unterstützt werden die Texte und Inhalte durch visuelle Elemente. Das Biospekulative Design kommt im Buch direkt zum Einsatz: Fotos und Grafiken ergänzen die dazugehörigen Texte, zeigen Spekulationen, die zu Diskussionen einladen, oder stellen kompakte Vorgänge verständlich und reduziert dar, um sie für den anderen Fachbereich zugänglich zu machen. Sie stellen Diskussionspunkte visuell dar, bringen diese auf den Punkt und schaffen so eine klare Grundlage für eine Auseinandersetzung. Sie unterstreichen die Intentionen der Störer-Seiten, indem sie auf beiden Seiten (der des Designs und der der Wissenschaft) funktionieren. Fotos werden durchgehend farblich reduziert dargestellt, um eine einheitliche Erscheinung zu gewährleisten. Fotos der Spekulationsseiten erscheinen in Schwarzweiß, um ihre Eigenständigkeit aufzuzeigen, sie von den anderen Fotos abzuheben und ihre Neutralität zu symbolisieren. Die dort gezeigten Geschichten sind Spekulationen: wertfrei und für Evaluationen offen. Die abgebildeten Experimente, Gegenstände und Personen werden aus der eigenen Gestaltungsarbeit der Autorin zitiert.

8 Resümee

Während meiner Forschungsarbeit hatte ich die Möglichkeit die verschiedensten Wissenschaften kennen zu lernen. Ich war überrascht von den individuellen Herangehensweisen und Zielsetzungen, musste mich durchgehend beweisen und mein Vorhaben verteidigen. Die meisten Fachbereiche, darunter u. a. die Soziologie, die Bioethik, die Biotechnologie, die Philosophie, die Rechtswissenschaften und die Medizin, waren zwar interessiert, jedoch auch distanziert. Die Berührungsangst war deutlich zu spüren. Ich empfand die direkte Kommunikation mit den verschiedenen Fachbereichen und die Arbeit mit disziplinären Fachinhalten als fachfremde Person als sehr anstrengend und frustrierend, was ich als grundlegendes Problem meiner wissenschaftlichen Arbeit sah. Daraus zog ich dementsprechende Schlüsse und sehe auch heute in einer barrierefreien Kommunikation eine Voraussetzung erfolgreicher interdisziplinärer Forschung. Außerdem erachte ich einen eigenen Raum als notwendig, der sensible biologische und medizinische Spekulationen zugänglich macht. So kam das Biospekulative Design in den Blick. Das bisherige Feedback und das aufkommende Interesse bestätigen die Annahme, dass das Biospekulative Design eine Reaktion darstellt auf den aktuellen akademischen Wandel der Einheitswissenschaften – hin zu multidisziplinären Fachbereichen und dem zunehmenden Bedürfnis der Öffentlichkeit nach Sicherheit und Aufklärung.

Mit dem Biospekulativen Design eröffnet sich ein übergeordneter Fachbereich, der die Lücken zwischen den Wissenschaften schließen kann und damit zur interdisziplinären Forschung und zu kollektiver Lösungsforschung beiträgt. Das in diesem Rahmen entstandene Buch schafft die dafür nötigen ersten Schritte – die Auseinandersetzung der Wissenschaften miteinander und die Reflexion fachinterner Diskussionen über ein konkretes Feld hinaus. Aktuelle Entwicklungen wie das Auftreten des Corona-Virus bzw. Covid-19 haben wieder einmal gezeigt, dass Wissenschaft und Gesellschaft von plötzlichen Änderungen und Anpassungsprozessen nicht befreit ist. Dies gilt auch für den Umgang und den fluiden Charakter des Biospekulativen Designs. Das Projekt ist für mich somit lange nicht als abgeschlossen, sondern als Startschuss und Motivation für andere Entwickler, Forscher und Designer zu betrachten, sich diesem Bereich zu nähern und ihn – am besten interdisziplinär im Kollektiv – weiter zu entwickeln.

Literatur

Abdelfaki, N., Thuns, M., & Ziegler, D. (2017). Visualisierungen überführen Forschungsergebnisse in die Praxis. Fraunhofer IMW Jahresbericht 2016/17.

Asimov, I. (2014). *Ich, der Roboter*. München: Heyne.

Backes, G. M., & Clemens, W. (2013). *Lebensphase Alter*. Basel: Beltz Juventa.

Barbrook, R., & Cameron, A. (1995). *The Californian ideology*. University of Westminster.

Bergedick, A., Rohr, D., & Wegener, A. (2011). *Bilden mit Bildern. Visualisieren in der Weiterbildung*. Bielefeld: Bertelsmann.

Bostrom, N. (2013). *Superintelligence. Paths, dangers, strategies*. Oxford: Oxford University Press.

Bröckling, U. (2007). *Das unternehmerische Selbst. Soziologie einer Subjektivierungsform*. Frankfurt/M.: Suhrkamp.

Buchanan, A., Brock, D., & Daniels, N. (2000). *From chance to choice. Genetics & justice*. Cambridge: Cambrige University Press.

Busse, S. (2008). Teamarbeit als Handlungsproblem. In J. Ludwig (Hrsg.), *Interdisziplinarität als Chance*. Bielefeld: Bertelsmann.

Dunne, A., & Raby, F. (2013). *Speculative everything. Design, fiction and social dreaming.* Boston: MIT Press.

Deutsche Forschungsgemeinschaft (DFG), & Leopoldina. Nationale Akademie der Wissenschaften (Hrsg.). (2014). Wissenschaftsfreiheit und Wissenschaftsverantwortung. Empfehlungen zum Umgang mit sicherheitsrelevanter Forschung. Deutsche Forschungsgemeinschaft. https://www.dfg.de/download/pdf/dfg_im_profil/reden_stellungnahmen/2014/dfg-leopoldina_forschungsrisiken_de_en.pdf. Abruf: 29. Juli 2021.

Ertl, T., & Keim, D. A. (2004). Wissenschaftliche Visualisierung – Ausgewählte Forschungsprojekte. *It – Information Technology, 46*(3), S. 148–153.

Fischer, K. (2011). Interdisziplinarität im Spannungsfeld zwischen Forschung, Lehre und Anwendungsfeldern. In K. Fischer, H. Laitko, & H. Parthey (Hrsg.), *Interdisziplinarität und Institutionalisierung der Wissenschaft. Wissenschaftsforschung Jahrbuch 2010* (S. 37–58). Berlin: Wissenschaftlicher Verlag Berlin (wvb).

Fuest, V. (2004). „Alle reden von Interdisziplinarität aber keiner tut es." – Anspruch und Wirklichkeit interdisziplinären Arbeitens in Umweltforschungsprojekten. http://www.heidelberger-lese-zeiten-verlag.de/archiv/online-archiv/fuestneu.pdf. Abruf: 28. Juli 2021.

Fukuyama, F. (2002). *Das Ende des Menschen.* München/Stuttgart: Deutsche Verlags Anstalt.

Galert, T., Bublitz, C., Heuer, I., Merkel, R., Repantis, D., Schöne-Seifert, B., & Talbor, D. (2009). Das optimierte Gehirn. *Gehirn und Geist, 11.* https://www.spektrum.de/fm/976/Gehirn_und_Geist_Memorandum.pdf. Abruf: 28. Juli 2021.

Habermas, J. (2018). *Die Zukunft der menschlichen Natur: Auf dem Weg zu einer liberalen Eugenik?* Frankfurt/M.: Suhrkamp.

Jonas, H. (1979). *Das Prinzip Verantwortung: Versuch einer Ethik für die technologische Zivilisation.* Frankfurt/M.: Suhrkamp.

Kurthen, M. (2011). *Weißer und schwarzer Posthumanismus: Nach dem Bewusstsein und dem Unbewussten.* München: Fink.

Kurzweil, R. (2000). *Homo S@piens: Leben im 21. Jahrhundert. Was bleibt vom Menschen?* Berlin: Ullstein.

Lenhard, W. (2004). *Die psychosoziale Stellung von Eltern behinderter Kinder im Zeitalter der Pränataldiagnostik.* Julius-Maximilian-Universität Würzburg.

Ludwig, J. (2008). *Interdisziplinarität als Chance.* Bielefeld: Bertelsmann.

Montgomery, E. P., & Woebken, C. (2016). *Extrapolation factory operator's manual.* CreateSpace.

Papanek, V. (1972). *Das Papanek Konzept. Design für eine Umwelt des Überlebens.* München: Nymphenburger.

Paulson, S. (2015). The Philosopher who says we should play God. https://nautil.us/issue/28/2050/the-philosopher-who-says-we-should-play-god. Abruf: 29. Juli 2021.

Pricken, M. (2014). *Die Aura des Wertvollen.* Erlangen: Publicis.

Rehfeldt, J. (2008). Wie ist interdisziplinäre Verständigung möglich? In J. Ludwig (Hrsg.), *Interdisziplinarität als Chance. Wissenschaftstransfer und Beratung im lernenden Forschungszusammenhang* (S. 267–288). Bielefeld: Bertelsmann.

Romero-Tejedor, F. (2007). *Der denkende Designer. Von der Ästhetik zu Kognition – Ein Paradigmenwechsel.* Hildesheim: Olms.

Schöne-Seifert, B., & Stroop, B. (2015). *Enhancement. Preprints and working papers of the centre for advanced study in bioethics*. Westfälische Wilhelm-Universität. https://www.uni-muenster.de/imperia/md/content/kfg-normenbegruendung/intern/publikationen/schoene-seifert/71_sch__ne-seifert.stroop_-_enhancement.pdf. Abruf: 29. Juli 2021.

Schöne-Seifert, B., & Talbot, D. (2009). *Enhancement: Die ethische Debatte*. Paderborn: Mentis.

Sloterdjik, P. (1999). *Regeln für den Menschenpark*. Frankfurt/M.: Suhrkamp.

Sperling, G. (1960). The information available in brief visual presentations. *Psychological Monographs: General and Applied, 74*(11), S. 1–29.

Viehöfer, W., & Wehling, P. (2011). *Entgrenzung der Medizin. Von der Heilkunst zur Verbesserung des Menschen?* Bielefeld: Transcript.

Wagner, J., & Kropp, C. (2007). Dimension einer dialogisch-reflexiven Wissenserzeugung und -kommunikation im Agrarbereich. In C. Kropp, F. Schiller, & J. Wagner (Hrsg.), *Die Zukunft der Wissenskommunikation. Perspektiven für einen reflexiven Dialog von Wissenschaft und Politik – Am Beispiel des Agrarbereichs* (S. 19–50). Berlin: Edition Sigma.

Wehling, P. (2008). Selbstbestimmung oder sozialer Optimierungsdruck? Perspektiven einer kritischen Soziologie der Biopolitik. *Leviathan, 36*, S. 249–273.

Wehner, B. (1995). Die ökonomische Logik der Interdisziplinarität. http://webcache.googleusercontent.com/search?q=cache:hKDBOgPbilgJ:www.reformforum-neopolis.de/files/die_oekonomische_logik_der_interdisziplinaritaet.pdf+&cd=1&hl=de&ct=clnk&gl=de&client=firefox-b-e. Abruf: 29. Juli 2021.

Wendel, L. (2019). Die Rolle der Gestaltung für den Menschen und die Notwendigkeit einer Erweiterung des Designbegriffs in der Postmoderne. leoniewendel.de. Abruf: 4. Juli 2019.

WHO. (2019). World health organisation. www.who.int/about/who-we-are/constitution. Abruf: 10. Juni 2019.

Wiebicke, J. (2013). *Dürfen wir so bleiben wie wir sind? Gegen die Perfektionierung des Menschen – Eine philosophische Intervention*. Köln: Kiepenheuer & Witsch.

Willemsen, R. (2016). *Wer wir waren*. Frankfurt/M.: Fischer.

World Medical Association (WMA). (2005). *Handbuch der ärztlichen Ethik*. WMA.

Zola, I. K. (1972). Medicine as an institution of social control. *The Sociological Review, 20*(4), S. 487–504.

Anne Matlok, M.A. Informationsdesign, B.A. Kommunikationsdesign, ist Designerin bei *Flaechenbrand GmbH* im Standort Hamburg, mit Fokus auf nachhaltigem Packaging-Design und -Strategien. Während ihres Studiums an der FHWS Würzburg-Schweinfurt war sie als Teaching Assistant im Bereich *Design Thinking* tätig und erweiterte ihr Masterstudium durch ein Teilstudium des *Advanced Masters of Bioethics* an der medizinischen Fakultät der KU Leuven, Belgien. Öffentlicher Vortrag: *„Visualisierung von Spekulationen und Forschungsergebnissen: Design als Schnittstelle zwischen Wissenschaft und Öffentlichkeit"* (2019), Hochschule Furtwangen, Studium Generale.

Systemdialog – Entdeckung neuer Informationsräume durch digitale Begleiter

Tobias Rachl

1 Einleitung

„Sind Smartphones vielleicht doch ein Problem?" Diese Frage stellt die *Süddeutsche Zeitung* den Lesern ihrer Doku-Reihe „Homo Digitalis" vom Oktober 2017 (Hurtz, 2017). Der Artikel beschäftigt sich mit dem Smartphone, einer menschlichen Erfindung, die dafür gesorgt hat, dass digitale Technologien im Leben der Menschen omnipräsent geworden sind. Der Umgang mit den mobilen Endgeräten gleicht dabei nur noch geringfügig der Art und Weise, wie Menschen 1981 ihre Arbeit an einem IBM Personal Computer[1] verrichtet haben. Das Smartphone ist zum Zentrum der Individual- und Massenkommunikation geworden, organisiert gleichermaßen das Privat- und Arbeitsleben und lässt sich mittlerweile auch als Kommandozentrale für die digitale Haustechnik einsetzen. Wissenschaftler sehen bisweilen im übermäßigen Gebrauch der digitalen Endgeräte

---

[1] Der IBM Personal Computer aus dem Jahre 1981 war der erste „Personal Computer" (kurz PC) des US-amerikanisches Herstellers IBM. Der PC wurde in seiner Größe und Fähigkeiten für den Gebrauch im Alltag entworfen und unterschied sich damit radikal zu den damaligen Großrechnern, die lediglich von Experten bedient werden konnten.

T. Rachl (✉)
FoxInsights GmbH, München, Deutschland
E-Mail: mail@tobiasrachl.de

© Der/die Autor(en), exklusiv lizenziert durch Springer Fachmedien Wiesbaden GmbH, ein Teil von Springer Nature 2022
G. Schweppenhäuser et al. (Hrsg.), *Ambivalenzen der Optimierung*, Würzburger Beiträge zur Designforschung, https://doi.org/10.1007/978-3-658-36165-5_4

53

Suchtpotenziale, die im Extremfall zur Gefahr für die psychische und physische Gesundheit werden können.

„Kein Smartphone ist auch keine Lösung", gibt der SZ-Artikel zu verstehen; man müsse nur den Umgang damit neu erlernen. Und in der Tat erscheint ein Verzicht auf digitale Medien keine große Zukunft zu haben, denn die Technologiewelt arbeitet bereits eifrig an neuen Verknüpfungspunkten zwischen digitaler Information und analoger Lebenswelt. Der Aufbau eines Internets der Dinge ist im vollen Gang. Experten rechnen mit einem explosionsartigen Anstieg der Zahl an Geräten, die eng getaktet Informationen mit dem *World Wide Web* austauschen. Die Vernetzung verspricht die Umsetzung von Konzepten wie etwa das der *Smart Cities* – intelligente Infrastrukturen, die das Leben in Großstädten lebenswerter und ressourcensparender gestalten sollen. Digitale Sensoriken helfen in Zukunft dabei, wertvolle Erkenntnisse über den Menschen und die Natur zu sammeln.

Doch wie sollen Menschen in Zukunft die Datenflut, die durch das Internet der Dinge generiert wird, überhaupt auswerten und sinnvoll nutzen können? Eine Aufgabe, die für den Menschen unlösbar erscheint. Allerdings wird der Mensch möglicherweise auch gar nicht mehr am Steuer sitzen, alles selbst kontrollieren und selbst wissen müssen. Stattdessen soll künstlich intelligenten Systemen ein hohes Maß an Autonomie anvertraut werden, um eigenständige und sinnvolle Entscheidungen treffen zu können: Eigenständig, da diesen Systemen, statt vorgezeichneten Lösungswegen, Methoden zur Lösung von Problemen zugrunde liegen. Man spricht hier vom maschinellen Lernen oder von künstlichen neuronalen Netzen.

Während künstliche Intelligenz (KI) für viele Laien noch nicht viel mehr als ein Modewort ist, werden künstliche neuronale Netze bereits vielfach im Web eingesetzt, um den Nutzern personalisierte Produktempfehlungen auszusprechen, Suchergebnisse zu filtern und Marktanalysen durchzuführen. Internetnutzer interagieren also bereits mehrmals täglich mit Technologien aus dem Forschungsbereich der künstlichen Intelligenz, ohne dass sie sich dessen bewusst sind. In den Webangeboten selbst wird der Einsatz dieser hochentwickelten Algorithmen in den meisten Fällen nicht kommuniziert.

Das Forschungsfeld der künstlichen Intelligenz ist derzeit vor allem in der Informatik angesiedelt mit interdisziplinären Anknüpfungen an die Neuro- und Kognitionswissenschaften. Nach ersten Ansätzen in den 1950er-Jahren haben die Bemühungen um künstlich intelligente Systeme vor allem in den letzten Jahren – begünstigt durch die zwischenzeitlich verfügbaren Rechenressourcen moderner Computer – wieder Fahrt aufgenommen und zu beeindruckenden Ergebnissen in der Erforschung selbstlernender Algorithmen geführt. Viele solcher Entwicklungen finden heute in Webservices, Spracherkennungs-Modulen und vernetzten Industrieanlagen bereits Anwendung. Die Informatik ist Takt-geber einer digitalen Industrielandschaft und damit ist die KI-Entwicklung sehr stark an neuen technischen Machbarkeiten orientiert. Im Handel verfügbare *AI-first*-Produkte[2] wie die digitalen Sprachassistenten *Amazon Echo* und *Google Home* ermöglichen Endverbrauchern einen bewussten Erstkontakt mit digitalen Akteuren. Die Produkte erfüllen allerdings – stellt man sie den zugegeben sehr hohen Erwartungen der Kunden an einen Dialog mit einer KI gegenüber – bislang nur in Teilen ihren Zweck. Daher können sie auch als Testbed[3] für kommende Generationen von KI-Entwicklungen gesehen werden, bei dem die Nutzer nicht nur in bewertender Funktion tätig sind. Sie dienen wohl auch ungefragt als Daten-Aggregator für das Training von selbstlernenden Algorithmen und damit ungewollt Konzernen wie Alphabet, Apple, Facebook & Co.

Eine mehrheitliche Partizipation an den Prozessen in der KI-Entwicklung durch Disziplinen außerhalb der Informatik wird derzeit durch eine hohe technische Komplexität verhindert, weshalb das Entwicklungsfeld auch von den Prozessen des Designs noch nicht sehr weitreichend erschlossen ist. Die Relevanz des Designs begründet sich, um Gui Bonsiepe zu zitieren, in der *soziokulturellen Effizienz* – den Phänomenen des Gebrauchs. Die Ingenieurswissenschaften hin-gegen, die Bonsiepe auch zu den Entwurfsdisziplinen zählt, ermöglichen eine *physikalische Effizienz*. „Design [...] schlägt die Brücke zwischen der fremden Welt der Technik und der Alltagspraxis" (Bonsiepe, 1994, S. 27). Nach solch einem, an Bonsiepe anknüpfenden, Verständnis ist die vorliegende Untersuchung angelegt.

Ziel der theoretischen Untersuchung ist die Überführung der Erkenntnisse aus den Bereichen der Computerwissenschaften sowie der Soziologie, Psycho-logie und Philosophie in eine Designforschung auf dem Gebiet der künstlichen Intelligenz. Dem Anspruch, die digitalen Informationswelten näher an den All-tag der Nutzer heranzuführen, muss zunächst eine eingehende Auseinander-setzung mit den bestehenden Berührungspunkten zwischen Mensch und digitalen Systemen folgen, um daraus Impulse für die Zukunft zu entwickeln. Die Auf-gabe des Designs und demzufolge der Fokus der praktischen Untersuchung dieser Arbeit liegt in der Bewältigung der technologischen Komplexität in der

---

[2] Hierbei handelt es sich um Technologie-Produkte, deren Grundnutzen auf künstlicher Intelligenz basiert.

[3] Dieser Begriff beschreibt in der Informatik eine Testumgebung, mit deren Hilfe isolierte Funktionen eines Systems im Feld erprobt werden können.

KI-Entwicklung und der Anwendung der theoretischen Erkenntnisse im Entwurf
künftiger Mensch-Maschine-Interaktionen.

1.1   Forschungsvorhaben

Das Forschungsvorhaben der Arbeit *Systemdialog* besteht darin, die Fähig-
keiten künstlicher Intelligenz als Möglichkeit zu begreifen, um die Momente der
Begegnung zwischen Mensch und Maschine neu zu gestalten, und zwar mit dem
Menschen als Dreh- und Angelpunkt zukünftiger Entwicklungen. An die Stelle
der Betrachtung eines Systems als Wirkungsfeld aus algorithmischer Logik und
User Interface rückt dabei eine Bewertung der Maschine als digitaler Akteur.
Mittels einer proaktiven Architektur entsteht die Möglichkeit eines Systemdialogs, der nach den Kriterien der Kommunikationswissenschaften, der Psychologie und der Philosophie zu gestalten und bewerten ist. In diesem Sinn lässt
sich aus dem Forschungsvorhaben die folgende Entwicklungsfrage formulieren:
Welche Interaktions-Systematiken lassen sich für einen sinnvollen Umgang mit
digitalen Agenten im Alltag entwickeln? Aus dieser Entwicklungsfrage werden
mehrere Hypothesen abgeleitet:
  H1: Prinzipien der menschlichen Emotionspsychologie und Kommunikation
müssen für die Entwicklung sprachbasierter Agenten beachtet werden.
  H2: Ein verbessertes Wissen über den aktuellen Kontext und die Persönlichkeit eines Benutzers ermöglicht auch eine höhere Akzeptanz initiativen Verhaltens
digitaler Agenten[4] im Alltag.
  H3: Der Einsatz multimodaler Interaktionsmöglichkeiten zwischen Mensch
und Maschine bereichert den Umgang mit künstlich intelligenten Systemen.

2   Digitale Interfaces im Wandel

Ein Interface bzw. Schnittstelle beschreibt nach Halbach „den Punkt einer
Begegnung oder einer Koppelung zwischen zwei oder mehr Systemen und/oder
deren Grenzen zueinander" (Halbach, 1994, S. 168). Interfaces ermöglichen die
Kommunikation zwischen zwei unterschiedlichen, bislang voneinander getrennt

---

[4]Digitale Systeme, denen, im Vergleich zu rein reaktionären Systemen, ein großer Handlungsraum für autonome Entscheidungen beigemessen wird.

agierenden Systemen. Häufig kommen Interfaces im internen Datenaustausch oder beim Import und Export von Datensätzen zum Einsatz. Durch diese Schnittstellen wird eine Kommunikation zwischen Hard- und Softwarekomponenten gewährleistet (vgl. ebd., S. 169). Um den Menschen als Nutzer aktiv in die Interaktion mit einem digitalen System zu involvieren, müssen IT-Produkte mit Mensch-Maschine-Schnittstellen, alternativ als Benutzerschnittstellen betitelt, ausgestattet werden. Halbachs Definition folgend wird der Mensch in diesem Fall als System verstanden, das mit einem weiteren System, der zu bedienenden Maschine, kommuniziert. Durch den Entwurf von Benutzerschnittstellen wird festgelegt, welche Daten und Funktionen eines Systems dem Anwender zur Verfügung gestellt werden (vgl. Denert, 1991, S. 125). Interfaces gewährleisten damit den für eine Interaktion notwendigen Zugang zu Systemoperationen sowie einen Austausch spezifischer Daten, wie es beispielsweise bei einer Texteingabe der Fall ist.

Auch wenn bis heute die Bedienung per Maus und Tastatur bei stationären PCs sowie Laptops noch immer als Standardeingabemethode gilt, hat eine fortschreitende Miniaturisierung elektronischer Komponenten in den letzten Jahren für eine hohe Mobilität digitaler Recheneinheiten gesorgt und damit im digitalen Umfeld Alternativen geschaffen. Um den neuen Anforderungen an eine komfortable Bedienung an nahezu jedem Ort zu begegnen, hat sich die Interaktion durch (Multi)-Touchscreens bei Smartphones und Tablets etabliert. Bei diesen Geräten ist der Eindruck einer direkten Transformation digitaler Inhalte so stark wie nie zuvor. Für den Nutzer fällt die zu leistende Überbrückung von Hand zu Peripheriegerät (wie der Computermaus) bis hin zum Monitor aus. Stattdessen kann dieser per Touch oder einer Reihe weiterer Gesten direkt in die Darstellung eingreifen und so durch Anwendungen navigieren.

Moderne Interfaces bilden in einer digitalen Infrastruktur aber nicht nur die Brücke zwischen dem Menschen und der Maschine, die er in der Hand hält, bzw. vor der er sitzt. Das *World Wide Web* hat durch die Möglichkeit der globalen Vernetzung in Echtzeit vor allem den Gegenstand der Interaktion, das System, das am anderen Ende eines Interfaces dem Nutzer zur Verfügung steht, grundlegend verändert. Cloud-Computing ermöglicht heute, dass viele Berechnungen nicht mehr auf einem zur Verfügung stehenden Endgerät vollzogen werden, sondern stattdessen dezentral von einer teilweise global angelegten Serverstruktur übernommen werden. Nach erfolgreicher Berechnung geben diese lediglich das Ergebnis an den Nutzer aus. Interfaces sorgen dafür, dass die Funktionen einer Cloud auf einfachem Wege angestoßen werden können und die Ergebnisse am Ende für den Verbraucher lesbar sind.

Halbach sprach bereits 1994 davon, dass die Formulierung *Mensch-Maschine-Schnittstelle* aufgrund der enormen expressiven Möglichkeiten und der universellen Einsetzbarkeit unter Umständen erweitert werden muss. Zwar waren damals die Möglichkeiten des Cloud-Computings noch nicht im vollen Maße abzusehen, dennoch erscheint sein begrifflicher Vorschlag der Mensch-Umgebungs-Schnittstelle hinsichtlich der heutigen digitalen Infrastrukturen möglicherweise eine treffendere Formulierung zu sein (vgl. Halbach, 1994, S. 14).

Einen mutigen Ausblick auf technische Fortschritte des aktuellen 21. Jahrhunderts wagte auch Mark Weiser in seinem 1991 publizierten Paper *The Computer for the 21st Century*. Er prägte durch seine Arbeit am *Palo Alto Research Center* den Begriff und darüber hinaus auch die Idee des *allgegenwärtigen Rechnens,* im Englischen *Ubiquitous Computing*. In den frühen neunziger Jahren brachten Hersteller die ersten grafikfähigen Laptops auf den Markt. Apple präsentierte 1991 beispielsweise das *PowerBook* der ersten Generation, den Vorgänger der heutigen *MacBooks*. Nach Weiser war der Umgang mit dem Computer zu dieser Zeit noch äußerst komplex und entbehrte jeglicher Anknüpfungspunkte zum Alltag der Menschen (vgl. 1991). Aus seiner Sicht forderten die *multimedia machines* eine hohe Aufmerksamkeit vom Nutzer, anstatt sich nahtlos in die Umwelt zu integrieren: „Therefore we are trying to conceive a new way of thinking about computers in the world, one that takes into account the natural human environment and allows the computers themselves to vanish into the background" (vgl. ebd., S. 1). Wirft man einen Blick auf die Gegenwart und den aktuellen Umgang mit digitalen Systemen, wird schnell klar, dass neue Technologien zwar einen erheblichen Einfluss auf den Alltag der Benutzer haben, aber bei weitem nicht, wie von Weiser gefordert, *unsichtbar* geworden sind.

Weisers Forderungen haben bis heute nicht an Aktualität und Relevanz verloren. Es stellt sich die Frage, wie eine zunehmende Digitalisierung des menschlichen Alltags möglich ist, ohne der Bedienung von digitalen Systemen zwangsweise zu viel Aufmerksamkeit entgegen bringen zu müssen. Weisers Idee der *embodied virtuality* ist heute integraler Bestandteil des *Internet of Things*. Dabei werden kleine und günstige Mikroprozessoren z. B. in Haushaltsgeräte, Industrieanlagen, Fahrzeuge oder sogar die städtische Infrastruktur verbaut, um sie digital ansteuern zu können oder aus deren Sensorik Daten zu gewinnen. Produkte sollen durch die Vernetzung intelligenter gemacht oder durch die Analyse der gesammelten Daten weiter optimiert werden.

Das *Internet of Things* kann somit, ganz im Sinne Weisers Entwurf eines allgegenwärtigen Rechnens, für eine tief greifende Integration von digitalen Technologien in die menschliche Umwelt sorgen. Um den Menschen aber gedanklich von der Benutzung dieser Systeme zu befreien, müssen an anderer Stelle neue Möglichkeiten der Interaktion mit teilautonomen Systemen geschaffen werden, um diese überhaupt zielführend einzusetzen.

Während bislang vor allem visuelle, zweidimensionale Darstellungen an Bildschirmen als Schnittstellen dienen, entwickeln sich derzeit überzeugende Alternativen. Zum einen versprechen die Technologien rund um *Virtual Reality* und *Augmented Reality* einen dreidimensionalen Zugang zu digitalen Inhalten. Zum anderen etabliert sich auch die Interaktion mit Systemen durch natürliche Sprache.

Wird die menschliche Umgebungswelt durch digitale Inhalte erweitert, so spricht man hier von der *Augmented Reality*. Statt eine komplett virtuelle Umgebung zu simulieren, wie es bei der *Virtual Reality* der Fall ist, kann der Benutzer weiterhin seine Umwelt wahrnehmen. Diese wird aber durch digitale Überblendungen ergänzt, die meist fest im Raum verortet sind. Ziel einer augmentierten Realität ist es, die Grenze zwischen der menschlichen Umwelt und einer Computersimulation mehr und mehr aufzulösen und für eine Verschmelzung beider Welten zu sorgen. Physische Objekte der Umgebung können durch die Augmentierung als Interface-Elemente benutzt und mit haptischen Erfahrungen in der Interaktion gekoppelt werden.

Bei den sogenannten *Voice User Interfaces* (VUI) wird hingegen ein ganz anderer Weg der Kommunikation mit Systemen beschritten. Die Erfolge in der Erforschung von selbstlernenden Maschinen in den Computerwissenschaften ermöglichen inzwischen, dass digitale Endgeräte menschliche Sprache nicht nur erkennen, sondern auch in Teilen semantisch verarbeiten können. Sprachsynthese-Modelle ergänzen die Interaktion um eine Sprachausgabe, die dem Klang einer menschlichen Ausdrucksweise sehr nahekommt. Die Tatsache, dass der gesprochene Dialog für den Menschen etwas ganz Natürliches ist und täglich zur Anwendung kommt, begünstigt laut Jaeyeol Jeong und Dong-Hee Shin den Einsatz von *Voice User Interfaces* (vgl. 2015, S. 284). Der Erfolg von sprachbasierten Systemen ist allerdings stark von den Entwicklungen im Bereich der KI abhängig. Seit der Dartmouth Conference, einem Forschungsprojekt, das im Sommer 1956 von John McCarthy, Marvin Minsky, Nathaniel Rochester und Claude Shannon gestartet wurde und als Geburtsstunde der KI-Forschung gilt, hat diese in den letzten Jahren (vor allem seit 2012) einen regelrechten Boom erlebt (vgl. Sudmann, 2018, S. 61). Das Internet dient dabei als Aggregator für riesige Mengen an Trainingsdaten. Die Verfügbarkeit hoher Rechenressourcen durch schnelle Computer hat das maschinelle Lernen (engl.: „Machine Learning") in den letzten Jahren praktikabel gemacht. Entgegen herkömmlicher Algorithmen, die einen festen Lösungsweg beschreiben, nutzen *Machine Learning-*

Algorithmen bestehende Datensätze, um darin Muster und Gesetzmäßigkeiten zu erkennen. Trainierte Machine Learning-Systeme können anhand der abstrahierten Gesetzmäßigkeiten später eigene Lösungswege entwickeln.

Seit einigen Jahren ist es Internetnutzern fast unmöglich geworden, nicht mit selbstlernenden Algorithmen in Kontakt zu geraten. Vor allem in sozialen Netzwerken werden zahlreiche Empfehlungs- und Gesichtserkennungs-Algorithmen verwendet, die auf *Machine Learning* basieren. Nur Nutzer mit ambitioniertem technischem Verständnis sind sich dessen bewusst, da sich diese Algorithmen nicht unmittelbar in den User Interfaces widerspiegeln. Mit der Einführung von sprachgesteuerten persönlichen Assistenten etabliert sich KI-Technologie allerdings als zentraler Aspekt in Digitalprodukten und wird explizit als solche vermarktet. 2011 wurde der Sprachassistent *Siri* mit dem iPhone 4S erstmals der Öffentlichkeit präsentiert. *Siri* ist bis heute in Apples Smartphones eingebaut und wird jährlichen Funktionsupdates unterzogen, die eine Nutzung attraktiver gestalten sollen. Durch die funktionale und physische Bindung an Smartphones ist *Siri* jedoch lediglich als Add-On zu verstehen. Amazon wagte mit dem seit 2015 erhältlichen Smart-Speaker *Amazon Echo* hingegen den Schritt zu einem *AI-first-device,* dessen weibliche Stimme auf den Namen *Alexa* hört und gänzlich durch natürliche Sprache gesteuert wird (vgl. Daum, 2019, S. 96). Heute konkurriert Amazon hauptsächlich mit Google, die seit 2016 ein fast ebenbürtiges System mit dem Namen *Google Home* vertreiben.

Der Nutzen für den Verbraucher besteht vor allem in der Abfrage von einfachen Informationen aus dem Web (Wetter, Uhrzeit, „Wie hoch ist der Eiffelturm?", „Wie hat Bayern München gestern gespielt?") sowie einer versprachlichten Interaktion mit IoT- oder Mediengeräten („Schalte das Licht im Wohnzimmer ein", „Spiele Radio FM4 in der Küche", „Spiele meine Spotify-Playlist").

Um die Ergebnisse aus der KI-Forschung auf ihre psychologische und philosophische Bedeutung hin zu untersuchen, hält der Philosoph John Searle es für sinnvoll, zwischen einer schwachen und starken KI zu unterscheiden. Bei der Betrachtung einer schwachen KI steht deren Charakterisierung als Werkzeug im Vordergrund. Aus heutiger Sicht können zu diesem Feld all jene digitalen Bestrebungen gezählt werden, die, von selbstlernenden Algorithmen angetrieben, ein neues Feld des Computings ermöglicht haben (vgl. Searle, 1980, S. 349). So können auch die genannten Sprachassistenz-Systeme in die Kategorie der schwachen KI eingeordnet werden.

Mit dem 1966 entwickelten Chatbot „Eliza" hat der Computerwissenschaftler Joseph Weizenbaum bewiesen, dass es bei der Konfrontation mit einem digitalen sozialen Akteur ohnehin viel entscheidender sein kann, welches Maß an

Intelligenz die Nutzer in eine solche Maschine hineinprojizieren. Weizenbaums Anwendung war in der Lage, mehrere Persönlichkeiten zu simulieren. Bekannt wurde vor allem die Rolle eines digitalen Psychotherapeuten. Nach gewissen Schlüsselworten forderte die Software den Nutzer auf, z. B. mehr über die Familie zu erzählen. Das Experiment hat gezeigt, dass es durch Programmcode und die Anpassung diverser Parameter möglich ist, virtuelle Persönlichkeiten auszugestalten, die trotz fehlender Intelligenz (nach menschlichem Vorbild) von Nutzern als solche wahrgenommen werden. Selbst Weizenbaums Sekretärin, die zweifellos von den Mechanismen des scheinbar intelligenten Chatbot Bescheid wusste, verlor sich in einem Dialog mit dem System und bat Weizenbaum nach wenigen Minuten, den Raum zu verlassen, um ungestört mit Eliza kommunizieren zu können (vgl. Daum, 2019, S. 29).

Thomas Metzinger betitelt dieses Phänomen als „soziale Halluzination": „Wir Menschen haben die Fähigkeit, uns einzubilden, es mit einem selbstbewussten Gegenüber zu tun zu haben, auch wenn das nicht der Fall ist" (Honert, 2019). Um genau diese Beziehung zwischen Mensch und Maschine zu erforschen, haben Byron Reeves und Clifford Nass 1996 eine Reihe an Tests durchgeführt, die heute als „Media Equation Test" bekannt sind. Die Studie beweist, dass die Teilnehmer gegenüber einem Computer eine Art der Höflichkeit bewiesen, wie es auch im persönlichen Gespräch zwischen Menschen der Fall ist. Sie hatten die Maschine wie einen Menschen behandelt. Darauf haben auch mögliche Fachkenntnisse von den Computertechnologien keinen Einfluss (vgl. Reeves & Nass, 1996, S. 22 ff.).

Das Fachgebiet des „Affective Computings" beschäftigt sich nicht nur mit den emotionalen Reaktionen von Nutzern in der Interaktion mit neuen Medien, sondern lebt von der Idee, Computern und digitalen Systemen die Fähigkeit zu verleihen, emotionale Verhaltensweisen zu erkennen, zu verarbeiten und selbst auszudrücken. Mit diesem erklärten Ziel bildet das *Affective Computing* ein Paradoxon zu bisherigen Erwartungshaltungen an Maschinen, die geprägt sind von Logik, Rationalität und einer hohen Erwartbarkeit algorithmischer Berechnungen – denn emotional zu handeln, impliziert für viele Menschen instinktive und irrationale Entscheidungen.

Rosalind Picard gilt als Namensgeberin der Disziplin und ist als Professorin und Direktorin der „Affective Computing Research Group" am MIT Media Lab in der Forschung tätig. Um dem Stigma von Emotionen, vor allem im Bereich der Computerwissenschaften, zu entgegnen, verarbeitet sie Erkenntnisse aus den Neurowissenschaften, Kognitionswissenschaften und der Psychologie, um deren Bedeutung für das menschliche Verhalten zu bekräftigen und Anhaltspunkte dafür zu finden, warum in der Entwicklung digitaler Systeme emotionales Verhalten eine Rolle spielen sollte (vgl. Picard, 1997, S. 1).

Reeves und Nass haben ihren „Media Equation Test" anhand einer einfachen Textausgabe an damals handelsüblichen Desktop-PCs durchgeführt und damit eine empathische Reaktion der Benutzer nachgewiesen. Moderne digitale Assistenten wie Amazons *Alexa* bedienen sich einer Informationsübermittlung in natürlicher Sprache, die schon heute nur schwer von der menschlichen Sprache zu unterscheiden ist.

Der *Akteur-Netzwerk-Theorie* (ANT) zufolge sind allerdings weder eine, in diesem Fall künstliche, Intelligenz, noch ein ausdrücklich menschliches Verhalten in Form von natürlicher Sprache Kriterien für die Erhebung eines digitalen Systems zum sozialen Akteur. Die von Bruno Latour, einem französischen Soziologen und Philosophen, begründete Theorie sieht bereits in den gegebenen Handlungsmöglichkeiten bzw. der Aktivität von materiellen und nichtsozialen Dingen den Anlass, diese in ein heterogenes Netzwerk mit sozialen Akteuren einzubinden: „Die ANT sieht sich als konstruktivistischer Ansatz, der sich stark vom Sozialkonstruktivismus abgrenzt. Ihr Grundgedanke besteht darin, dass Gesellschaft nicht nur allein aus sozialen Beziehungen besteht, sondern soziale Beziehungen durch materielle, nichtsoziale Dinge (den missing masses) gestützt und gefestigt werden", so Birgit Peuker (Peuker, 2010, S. 325).

Soziale Akteure bilden gemeinsam mit nichtsozialen Akteuren wie Technik und Wissen ein Netzwerk aus vielfältigen Knotenpunkten, den sogenannten *Aktanten*. Alles, was in der Lage ist zu wirken bzw. eine Aktivität ausüben kann, ist nach der Akteur-Netzwerk-Theorie auch als *Aktant* zu bezeichnen. Die Varianz der möglichen *Aktanten* ist breit gefächert und reicht von Mikroben bis hin zum Satz des Pythagoras. Die Kooperation zwischen diesen Netzwerk-Knotenpunkten etabliert sich wiederum als einheitlich agierender Akteur und kann in neue Netzwerke eingebunden werden.

Für die Beurteilung von Kommunikationsleistungen nach der *Akteur-Netzwerk-Theorie* ist die Unterscheidung zwischen menschlicher Kommunikation und agierenden Dingen aufgrund ihrer Heterogenität im Netzwerk hintanzustellen. Stattdessen sollte der Handlungsraum eines *Aktanten* bemessen werden; diesen bezeichnet man als *agency*. In einem IBM Whitepaper beschreiben Don Gilbert et al. die Bedeutung von *agency* in Bezug auf digitale Agenten: „Agency is the degree of autonomy and authority vested in the agent, and can be measured at least qualitatively by the nature of the interaction between the agent and other entities in the system. At a minimum, an agent must run asynchronously. The degree of agency is enhanced if an agent represents a user in some way ... A more advanced agent can interact with [...] data, applications, [..] services [...or] other agents." (1995).

Ohne die Frage abschließend klären zu können, ob eine KI oder ein digitaler Assistent als Kommunikationspartner agieren kann, lässt sich an dieser Stelle festhalten: Die Art der Interaktion, die bei sprachgesteuerten Interfaces oder gar humanoiden Robotern zum Einsatz kommt, ist im hohen Maße der interpersonalen Kommunikation entlehnt. Die Rolle der Emotionspsychologie sowie der Kommunikationswissenschaften sollten daher in der Entwicklung digitaler Assistenz-Systeme mitgedacht werden.

3 Praktische Untersuchung

3.1 Zielsetzung der praktischen Untersuchung

Die praktische Untersuchung ist gegliedert in den Entwurf und die Programmierung eines Frameworks zur vereinfachten Prototypisierung eines Systemdialogs einerseits und einer darauf aufbauenden Entwurfsarbeit für die Entwicklung von Interaktionsszenarien andererseits. Dabei stellt sich zunächst die Frage, woher die Notwendigkeit zur Programmierung einer eigenen Systemplattform stammt.

So wie sich Softwarelösungen wie *Photoshop* oder *InDesign* im Bereich des Grafikdesigns etabliert haben, gibt es mittlerweile auch ein breites Angebot von Entwicklungsumgebungen, die ein effizientes Prototypisieren im Bereich neuester digitaler Medien begünstigen: Selbst *Virtual-Reality*-Erlebnisse lassen sich mit Spiele-Engines wie *Unity* oder der *Unreal Engine,* teilweise sogar ohne Schreiben von Programmcode, realisieren. Aufgrund der hohen Komplexität im Einsatz künstlicher neuronaler Netze ist eine Infrastruktur einfacher Entwurfslösungen im Bereich der KI derzeit noch nicht geschaffen. Diese Lösungen sind aber unerlässlich, um eine breitere Partizipation an den Entwicklungsprozessen zu ermöglichen.

Das Design und die Architektur dieser Angebote befindet sich seit jeher in Abhängigkeit von verfügbaren Entwurfswerkzeugen. Thomas und Martin Poschauko haben die Bedeutung der Werkzeug-Ebene mit der Ideen-Ebene gleichgestellt, um die ständige Beeinflussung des Entwurfs durch die Verwendung von Werkzeugen zu verdeutlichen (vgl. Poschauko & Poschauko, 2013, S. 42). Werkzeuge können auch zu einem Treiber oder gar zu Ermöglichungsfaktoren für Innovationsprozesse werden. So erlaubt die 3D-Drucktechnologie in Verbindung mit CAD-Anwendungen beispielsweise eine schnelle und kostengünstige Produktion von individuellen Kunststoff-Elementen, wie sie andernfalls nicht möglich wäre.

Mit einem erweiterbaren Stamm an technischen Möglichkeiten kann eine Reihe von Interaktionsstudien stattfinden. Die Tests sollen neuen Prinzipien für den Dialog mit künstlich intelligenten Systemen ermitteln. Der Fokus liegt dabei vermehrt auf Alltagsszenarien. Im Folgenden werden daher wesentliche Anforderungen für eine prototypische Entwicklung zusammengefasst.

3.2 Anforderungen an eine prototypische Entwicklung

3.2.1 Mobilität

Technologische Entwicklungen im Bereich der Touchscreens und die Miniaturisierung von Systemkomponenten wie Prozessoren und Grafikeinheiten haben Smartphones erst ermöglicht. Die Omnipräsenz der Geräte ist aber vor allem deren Konnektivität geschuldet. Mobile Netzwerke erlauben den Nutzern einen flächendeckenden beständigen Zugang zum *World Wide Web*. Neue Möglichkeiten in der Kommunikation – die Teilnahme an sozialen Netzwerken und Messenger-Diensten – gehören zu den meistgenutzten Apps und Funktionen mobiler Geräte. Menschen leben mittlerweile im Bewusstsein „permanently online, permanently connected" (Vorderer et al., 2015, S. 1) zu sein.

Umso erstaunlicher erscheint es, dass digitale Sprachassistenten wie *Amazon Echo* für den Betrieb im häuslichen Bereich konzipiert sind. Über den Grund dieser Entscheidung kann nur spekuliert werden: Bereits in den ersten Werbevideos wurde *Echo* als Gerät für die ganze Familie dargestellt. In der Tat ist es bereits auch Kindern möglich, mit *Alexa* zu interagieren, sobald sie der Sprache mächtig sind. Die Produkte sind darauf ausgerichtet, von mehreren Personen geteilt zu werden. Mithilfe der *Smartifizierung* diverser technischer Geräte, vor allem von Haushaltsgeräten und Automobilien, soll *Alexa* zukünftig an verteilten Orten eingesetzt werden – ganz im Sinne von Weisers Vision eines *Computer for the 21st Century*. Die Begegnung mit dem digitalen Assistenten wird damit in den Kontext des Raumes oder des zu bedienenden Geräts gebracht.

Die vorliegende Untersuchung verfolgt allerdings jenen Weg, der auch mit Smartphones oder Wearables beschritten wird: Um für eine nahtlose Verknüpfung zwischen analogem Alltag und digitaler Information zu sorgen, wird auch die physische Distanz zwischen Endgerät/Interface und dem Nutzer möglichst klein gehalten. Ein reduzierter Formfaktor erlaubt eine quasi unbegrenzte Mobilität, wodurch eine Interaktion mit einem System jederzeit möglich ist. Durch diese Nähe können mittels Sensorik auch die Umwelt und der Kontext des Menschen erschlossen werden, was wiederum maßgebend für den Austausch mit einem digitalen Akteur ist.

3.2.2 Individualität

Mit der Verbreitung grafischer Interfaces wurde Nutzern die Möglichkeit gegeben, ihren Computer an die eigenen Bedürfnisse anzupassen. Formale Einstellungen wie die eines eigenen Hintergrundbilds und eine veränderte Systemfarbe oder Ordnerstruktur gehören unter anderem zu manuell vornehmbaren Personalisierungsmöglichkeiten eines Systems. Das exponentielle Wachstum frei zugänglicher Inhalte im *World Wide Web* hat vor allem neue Methoden zur inhaltlichen Personalisierung hervorgebracht. Um die individuelle Relevanz der Inhalte für den Nutzer z. B. in einer konkreten Suche zu erhöhen, setzen Suchmaschinen, Webportale und Onlineshops Filtertechniken ein, die auf die spezifischen Bedürfnisse der Nutzer eingehen sollen. Die Filter basieren auf meist generisch angelegten Benutzerprofilen, in denen Interessen und Vorlieben registriert sind. Ist die Personalisierung als autonomer Hintergrundprozess angelegt, müssen, basierend auf vergangenen Interaktionen, korrekte Schlussfolgerungen aus dem Verhalten der Nutzer getroffen werden, um Daten für ein individuelles Nutzerprofil abzuleiten (vgl. Anand & Mobasher, 2005, S. 2). Durch Personalisierungsmethoden ist es üblich geworden, dass *Nutzer A* für die gleiche Google-Suche andere Ergebnisse als *Nutzer B* angezeigt bekommt und z. B. die Startseite von Amazon, basierend auf Wahrscheinlichkeitsberechnungen potenzieller Produktinteressen, eine völlig andere Erscheinung hat.

Picards Ansatz, digitalen Systemen in Form von Analysemodellen die Fähigkeit zu verleihen, vom Verhalten des Nutzers zu lernen und dieses Wissen in zukünftigen Interaktionen anzuwenden, steht den Personalisierungsmethoden im Web in vielen Aspekten sehr nahe.

In der vorliegenden Untersuchung wird analysiert, wie sich eine Individualisierung digitaler Akteure in der Praxis konkret auswirken kann. Für die prototypische Entwicklungsarbeit ergeben sich daraus folgende Anforderungen: Das Dialogsystem muss zunächst in der Lage sein, aus den Aussagen und dem Verhalten der Nutzer Bewertungen abzuleiten, um Anhaltspunkte für deren Persönlichkeit und emotionalen Status zu erhalten. Auf physiologische Messparameter wurde bewusst verzichtet, da diese noch keine konkreten Anhaltspunkte für eine spezifische körperliche Befindlichkeit liefern. Zudem stellen die Messungen per Sensorik am Körper und deren Kalibrierung eine hohe Einstiegshürde dar und sind mit dem Gebrauch im Alltag nur eingeschränkt kompatibel. Der Dialog mit einem digitalen Akteur hingegen erlaubt eine subjektive Messung und ist am ehesten mit einem variablen Fragebogen zu vergleichen. Um ein individuelles Verhalten im Dialog abzubilden, muss auch die gesprochene Ausgabe des digitalen Akteurs dynamisch gehalten werden. Das System muss dazu in der Lage sein, anhand von Textbausteinen und einer Reihe von Variablen eigene Sätze zu generieren, um eine eigene Persönlichkeit zu entwickeln.

3.2.3 Skalierbarkeit

Um eine kontinuierliche Erweiterung eines Prototyps zu ermöglichen, ist es von Vorteil, auf eine offene Systemarchitektur zu setzen, bei deren Bewertung zwischen Hard- und Softwareschnittstellen unterschieden werden muss.

Hardwareschnittstellen stellen die physikalischen Verbindungspunkte in Systemen dar. Normierungen sorgen dafür, dass Systeme durch Komponenten verschiedenster Hersteller und Funktionalitäten ergänzt werden können. Bekanntestes Beispiel dafür ist der USB-Anschluss, der Computern den Anschluss und den Betrieb vielzähliger Peripheriegeräte wie Tastaturen, Festplatten und Druckern erlaubt. Doch auch drahtlose Übertragungsmodelle wie Wireless-LAN (WLAN) oder Bluetooth fallen in die Kategorie der Hardware-Interfaces.

Aufgabe von Softwareschnittstellen, oft auch als Programmierschnittstellen bezeichnet, ist es, die Art und Weise des systeminternen Datenaustauschs zu regeln (vgl. Halbach, 1994, S. 169). Sie bilden die logischen Berührungspunkte zwischen Prozessen und Komponenten.

Mit dieser Unterscheidung lässt sich bereits eine grundlegende Tauglichkeit im Einsatz von Smartphones als offene Systemarchitektur feststellen: Bei der Betrachtung der Hardwareschnittstellen fällt auf, dass die Geräte meist nur einen kabelgebundenen Anschluss erlauben, je nach Hersteller nach USB-Standard oder eigenem Standard. Aufgrund ihres mobilen Einsatzes sind Smartphones primär auf den Datenaustausch mittels drahtloser Verbindungen ausgelegt. Bluetooth-, WLAN- und Mobilfunk-Module ermöglichen den Geräten eine Konnektivität mit Netzwerken sowie externer Peripherie. Stark limitiert sind die Software-schnittstellen der gängigen Smartphone-Betriebssysteme *Android* (Google) und *iOS* (Apple). *Software Development Kits* (SDK) und *Application Programming Interfaces* (API) regeln die Zugriffspunkte von Drittanbieter-Programmen auf die Ressourcen des Geräts. Was für die meisten gegenwärtigen Smartphone-Apps als ausreichend gilt, ist für die Entwicklung von multimodalen Bedienkonzepten mit externer Hardware nur begrenzt geeignet.

Ein quelloffenes System mit konfigurierbaren Hardware- und Softwareschnitt-stellen *(Open Source)* ist daher einem stark zweckgebundenen Produkt, wie z. B. Smartphones, für die Entwicklung vorzuziehen (Abb. 1).

Abb. 1 Mobiler Einsatz des Prototypen

3.3 Entwicklung eines technischen Frameworks

3.3.1 Hardware & Sensorik

Für die Prototypisierung eines mobilen Endgeräts, mit dem ein gesprochener Dialog möglich sein soll, kommt ein Raspberry Pi 3 B+ zum Einsatz. Der Raspberry Pi wird von der gleichnamigen britischen Stiftung produziert und ist im Grunde ein vollwertiger PC mit den Maßen einer Zigarettenschachtel. Er wurde mit dem Ziel entwickelt, jungen Menschen für wenig Geld – der Pi wird für knapp über 30 € verkauft – die Möglichkeit zu bieten, Programmierkenntnisse zu erlangen. Seit seiner Markteinführung 2012 wurden bis Ende 2018 mehr als 22 Mio. Einheiten des kleinen Computers verkauft (vgl. Raspberry Pi Foundation, 2019).

Der Raspberry Pi kann mit einem *Open Source* Linux-Betriebssystem *(Raspian)* ausgestattet werden und ist damit ein quelloffenes System. Er bietet die Möglichkeit zu weitreichenden Eingriffen in die Programmierschnittstellen. Des Weiteren ist das System mit frei zugänglichen Hardwareschnittstellen für die Ein- und Ausgabe – den *General Purpose Input/Output Pins* (GPIO) – ausgestattet. Über diese Pins können diverse Sensoren, LEDs und Displays angesteuert werden. Damit eignet sich der Pi hervorragend als kostengünstige Lösung für eine eigene Framework-Entwicklung. Von der Möglichkeit zur Erweiterung des Computers mit eigener Peripherie und Sensorik wird im Folgenden mehrfach Gebrauch gemacht.

3.3.2 Erweiterung um eine eigene Sensorik

Der Raspberry Pi wird standardmäßig mit den bereits erwähnten GPIO Pins, vier USB-Anschlüssen, einem LAN Anschluss und den Funktechnologien Wireless LAN und Bluetooth ausgeliefert. Um dem Nutzer eine Interaktionsmöglichkeit zum Starten des Dialogs bzw. der Spracherkennung zu geben, wird über die GPIO-Pins ein Drucksensor ergänzt. Der flache Sensor erkennt einen auf ihm lastenden Druck und gibt je nach angewandter Kraft einen entsprechenden Ausgabewert zurück. Überschreitet der Wert einen frei definierbaren Schwellenwert, kann ein Befehl zum Start der Spracherkennung ausgelöst werden. Durch die schnelle Reaktionszeit des Sensors dient er als komfortable und äußerst solide Eingabemethode.

Während der Drucksensor als haptische Eingabemethode verwendet wird, dient ein Vibrationsmotor dem Nutzer als haptisches Feedback. Über den Motor und eine zusätzlich verbaute Kontrolleinheit kann der Motor über Softwareschnittstellen präzise angesteuert werden. Sowohl einmalige, in der Dauer und Vibrationsstärke variierbare Ausschläge als auch komplexe Vibrationsmuster wie ein simulierter Herzschlag sind beim Einsatz dieser Technologie möglich (Abb. 2).

Um eine Geolokalisation des Geräts bzw. Nutzers vorzunehmen, wird ein GPS-Modul verwendet. Das *Global Positioning System* (GPS) erlaubt die Positionsbestimmung mit einer Genauigkeit von unter zehn Metern. Dies ist stark abhängig davon, wie gut der Kontakt zu Satelliten gewährleistet werden kann. In der Praxis reicht die Präzision, um den Aufenthalt an Orten zu bestimmen. Der Empfänger liefert dabei Daten zur aktuellen Position, gemessen in Längen- und Breitengraden (Abb. 3).

Abb. 2 Haptische Interaktion durch im Schultergurt verbaute Sensorik

Abb. 3 Hardware- und Sensorikkomponenten des Prototyps im Überblick

In Innenbereichen von Gebäuden ist die GPS-Technologie allerdings nicht sehr hilfreich. Der Empfänger kann in diesen Fällen keine Satelliten-Verbindung aufbauen und die Positionsbestimmung schlägt fehl. Um eine Distanz des Nutzers zu definierten Punkten in Gebäuden festzustellen, können diese mit sogenannten Beacons ausgestattet werden. Die meist äußerst kompakten Module senden in festgelegten Zeitintervallen über den *Bluetooth Low Energy Standard* (BLE) Signale aus. Erreicht einen Empfänger dieses Signal, kann er den Beacon identifizieren und auf Basis der Signalstärke eine Distanzschätzung abgeben. Der Raspberry Pi ist bereits mit einem kompatiblen Bluetooth Modul ausgestattet und kann daher in der vorliegenden Untersuchung als Empfänger von Beacon-Signalen eingesetzt werden.

Besonders entscheidend für die Qualität der gesprochenen Interaktion mit einem digitalen Akteur ist die Wahl der Komponenten für die Sprach-Ein- und Ausgabe. Für das Framework fiel die Entscheidung auf eine kombinierte Lösung in Form eines Headsets mit integriertem Mikrofon. Ziel der Untersuchung ist es, dass der Nutzer zeitgleich mit dem Erleben seiner natürlichen Umgebung auch mit digitalen Informationen interagieren kann. Dazu ist es wichtig, dass trotz der Benutzung eines Headsets – das grundsätzlich nötig ist, um eine individuelle Ansprache zu ermöglichen – der Nutzer weiterhin seine Umwelt auditiv wahrnehmen kann. Der Kopfhörer sollte also nicht, wie es z. B. bei Virtual-Reality-Headsets der Fall ist, ein Sinnesorgan des Menschen exklusiv beanspruchen.

Hier fällt die Wahl auf Kopfhörer, die Schallwellen per Knochenschall an das menschliche Gehör weiterleiten. Dabei geraten die Schädelknochen in leichte Schwingungen, welche wiederum das Gehörorgan als auditive Information wahrnimmt. Dazu werden die Kopfhörer knapp vor dem Ohr, in der Nähe der Schläfe angelegt. Die Verbindung zum Raspberry Pi ist kabelgebunden.

3.3.3 Physische Gestaltung

Um den Raspberry Pi und die auf einer zusätzlichen Platine aufgelötete Sensorik zu schützen, werden die Komponenten während des mobilen Betriebs in einem Plastikgehäuse untergebracht. Das Gehäuse wurde in einem CAD Programm speziell auf die Maße des Systems hin entworfen und im 3D-Druckverfahren produziert (Abb. 4).

Der Prototyp wurde äußerlich als Umhängetasche konzipiert: In deren Schultergurt kann die haptische Sensorik verbaut werden und die Recheneinheit mit dem 3D-Gehäuse findet in der Tasche Platz. Der Vibrationsmotor sowie der Drucksensor im Schultergurt sind etwa auf Brusthöhe angebracht. Dadurch erreicht der Nutzer den Sensor zum Starten der Spracherkennung komfortabel per Hand. Die Vibrationseinheit befindet sich exakt hinter dem Sensor und kann

Abb. 4 Prototyp mit
Tragetasche, Kopfhörer
und sensorisch erweiterten
Schultergut

so unter anderem als haptisches Feedback für das Triggern der Spracherkennung eingesetzt werden. Der Nutzer verspürt die Vibration in diesem Fall auf der Hand. Diese Position wurde im Vergleich zu anderen möglichen Positionen entlang des Gurts in einem Selbsttest als besonders sensibel wahrgenommen.

Die physische Gestaltung des Prototyps sollte zunächst als praktikables Design betrachtet werden. Um einer Produktreife zu entsprechen, könnte bereits mit aktuellen Technologien eine erhebliche Miniaturisierung aller Komponenten vorgenommen werden. Darunter würde allerdings die Erweiterbarkeit des Systems leiden, weshalb dies für die laufende Prototypisierung verworfen wurde.

3.3.3.1 Software-Architektur

Die Plattform für die Software-Entwicklung bildet die Javascript-Umgebung Node.js. Diese wird von der *node.js-Foundation* im Rahmen eines *Open-Government-Modells* vertrieben, d. h. die Stiftung besitzt eine offene Verwaltungsform und wird von zahlreichen beitragenden Nutzern weiterentwickelt. Die Nutzung von Node.js bringt keinerlei Kosten mit sich.

Durch die Ausrichtung der Plattform als Webserver-Software kann Node.js durch einen eigenen Paketmanager mit zahlreichen Modulen und APIs erweitert werden. Eine erweiterte Konnektivität mit anderen Endgeräten wie Smartphones, Tablets und IoT-Geräten über drahtlose Schnittstellen ist ebenfalls realisierbar.

3.3.3.2 IBM Watson

Die International Business Machines Corporation, kurz IBM, vertreibt unter dem Namen *Watson* eine Reihe von KI-Services mit Fokus auf dem Einsatz in Industrie- und Softwareprodukten. Die *Watson*-APIs sollen Unternehmen bei der Datenanalyse, Automatisierung und Entwicklung von kognitiven Services wie Chatbots und Personalisierungssystemen unterstützen. Fast alle angebotenen Leistungen haben ihren Kern in der Verwendung von *Machine Learning*. Die

Preisstruktur reicht von kostenlosen Einstiegsmodellen bis hin zu hochpreisigen Abo-Konstellationen. Für die vorliegende Untersuchung kommen insgesamt drei dieser Services zum Einsatz.

3.3.3.3 Watson Assistant

Der *Watson Assistant*-Service bildet die Grundlage für die Planung und Realisierung eines natürlich-sprachlichen Systemdialogs. Mit dem *Watson Assistant*-Webtool können umfangreiche Dialoge angelegt, getestet und optimiert werden. Die API unterliegt den Prinzipien der Computerlinguistik. Dabei wird versucht, menschliche Äußerungen algorithmisch zu verarbeiten, um auf diese antworten zu können und/oder systemische Aktionen zu triggern.

Das Spracherkennungsmodell von *Watson* unterscheidet grundlegend zwischen *Intents, Entities* und *Dialog*. Um die Unterscheidung deutlich zu machen, kann das Konzept an der Aussage „Was kann ich heute Abend in Würzburg unternehmen?" beispielhaft erläutert werden. In diesem Fall ist der komplette Satz als Absicht zu verstehen: Der Nutzer fragt nach einer Unternehmung. Um das System auf ähnliche Äußerungen zu trainieren, können dem Tool noch weitere mögliche Formulieren mit gleicher Absicht vermittelt werden, zum Beispiel: „Was ist heute noch in Würzburg geboten?" Je mehr Varianten angegeben werden, desto besser kann das System mithilfe von *Machine Learning* trainiert werden. Der *Intent* wird unter der Kennung *askForEvents* abgespeichert.

Entities lassen Variationen in den Absichten zu und können daher als Variablen behandelt werden. Im gegebenen Beispiel können drei *Entities* identifiziert werden: *heute,* um einen Tag zu wählen, *Abend,* um eine zeitliche Aussage zu treffen und *Würzburg,* als spezifische Ortsangabe. Um auf die Anfragen nun korrekte Antworten zu liefern, müssen diese zuvor im System registriert werden. In diesem Fall bieten sich sinngemäß drei, namentlich frei wählbare, *Entities day, dayTime* und *cities* an. Unter *cities* müssten nun beispielsweise alle wählbaren Städte angegeben werden, für die eine Eventsuche möglich ist. Im Dialog können die identifizierten Äußerungen mit Antworten und Aktionen belegt werden. Im aktuellen Beispiel wird nun abgefragt, ob ein *Intent* namens *askForEvents* und die *Entitites day, dayTime* und *cities* erkannt wird. Ist dies, wie in der Beispielaussage gegeben, kann eine gesprochene Reaktion des Systems vorbereitet werden, z. B. „Lass' mich mal sehen, welche Events ich für heute Abend in Würzburg für dich finden kann", sowie eine Aktion an das System übergeben werden, die eine Suche mit den erkannten *Entities* als Suchmaske startet. Wurden nicht alle benötigten *Entities* erkannt, können diese explizit erfragt werden, z. B. bei fehlender *dayTime:* „Wann genau willst du heute etwas in Würzburg erleben, vormittags, mittags, abends oder nachts?"

Als Gedächtnis eines *Dialogs* lässt sich die Kontextlogik von *Watson* einsetzen, um bereits erlangtes Wissen abzuspeichern und bei Bedarf abzurufen. Hat der *Assistant* durch zuvor getätigte Aussagen erfahren, dass sich der Nutzer derzeit in Würzburg befindet, muss er dieses Detail in Zukunft nicht mehr abfragen. Ebenso kann der Kontext auch extern in das System übergeben werden: Der GPS-Sender kann die Position des Nutzers bestimmen, eine Ortsabfrage tätigen und diese anschließend in den Kontext der Unterhaltung einspeisen.

Konnte ein *Dialog* umfangreich im Feld getestet werden, kann die Analyse-Funktion von *Watson* dazu eingesetzt werden, um die Performance des Assistenten zu ermitteln und zu verbessern. Falsch oder gar nicht erkannte Eingaben können dadurch identifiziert und manuell nachtrainiert werden. An die Grenzen kommt der *Watson Assistant*, wenn die eingehenden Aussagen völlig unerwartet sind, das heißt, nicht zuvor antrainiert wurden, oder wenn Gefühle oder Stimmungen detailliert erfasst werden sollen. Hierfür können allerdings weitere *Watson*-Services eingesetzt werden, die im Folgenden beschrieben werden.

3.3.3.4 Watson Natural Language Understanding
Während der *Watson Assistant* als *Natural Language Processing* (NLP) verstanden werden kann, das heißt, die Texte auf Bedeutungshinweise wie Schlüsselwörter oder konkrete Formulierungen untersucht werden, wird das *Natural Language Understanding* (NLU) eingesetzt, um ein maschinelles Detailverständnis von menschlichen Aussagen zu erlangen oder eine semantische Relation zu identifizieren.

Der Einsatz des *Watson Natural Language Understanding* Service kann für die Entwicklung von digitalen Akteuren äußerst hilfreich sein. Das NLU-Modell ist in der Lage, Aussagen zur übergeordneten Stimmung, Emotionstendenz, Schlüsselwörtern, Entitäten und semantischen Beziehungen zu treffen. Darüber hinaus wird der Inhalt auch auf eine inhaltliche Übereinstimmung zu festgelegten Themenkatalogen überprüft.

3.3.3.5 Watson Personality Insights
Der *Watson Personality Insights*-Service stellt eine linguistische Analyse zur Verfügung, die in Texten eine Identifikation von Persönlichkeitsmerkmalen des Verfassers vornimmt. Die wissenschaftlichen Hintergründe von *Personality Insights* werden folgendermaßen beschrieben:

> „Eine breit akzeptierte Theorie in der Psychologie, im Marketing und anderen Feldern besagt, dass die natürliche Sprache Persönlichkeit, Denkweise, soziale

Verbindungen und emotionale Zustände widerspiegelt. Die Häufigkeit, mit der Menschen bestimmte Kategorien von Wörtern verwenden, kann Aufschluss über diese Merkmale geben. Verschiedene Forscher haben herausgefunden, dass sich aus Unterschieden in der Wortverwendung bei geschriebenen Texten wie Blogs, Essays und Tweets Aspekte der Persönlichkeit vorhersagen lassen." (IBM 2019a).

Die Bewertung der Ergebnisse erfolgt in den *Big Five*-Dimensionen. Das *Big Five Modell* wurde von Psychologen entwickelt, um die Interaktion einer Person mit ihrer Umgebung wissenschaftlich zu beschreiben.

Der Personality Insights-Dienst beruht auf einer differenziellen Sprachanalyse („Open-Vocabulary Approach"), das heißt, jegliche sprachliche Merkmale wie Wörter, Phrasen und Themen werden in die Bewertung einbezogen (vgl. Schwartz et al., 2013). Dies steht im Gegensatz zum Wort-Kategorien Ansatz, bei dem lediglich Wörter gezählt werden, die einer manuell erstellten Sprachkategorie zugeordnet sind.

Die fünf Dimensionen sind im englischen Sprachgebrauch folgenden Persönlichkeitseigenschaften zugeordnet (bei hoher Ausprägung der Dimension ist die getroffene Aussage wahrscheinlich) (vgl. Costa & McCrae, 1998, S. 244 f.).

Neuroticism: Tendenz zur Ängstlichkeit, Anfälligkeit zu Sorgen, Schüchternheit im Umgang mit anderen Menschen, schlechter Umgang mit eigenen Impulsen und Wünschen.

Extraversion: Formaler und distanzierter Umgang mit Menschen, Tendenz zu hoher Präsenz in Gruppen, Gruppenleiter statt Anhänger, aktiver Lebensstil, empfänglich für Nervenkitzel und Aufregung.

Openness: Offenes Auftreten, lebendige Fantasie, sensible ästhetische Wahrnehmung, hohes Bedürfnis nach Abwechslung, vielfältige emotionale Reaktionen, liberal in sozialen, politischen und moralischen Überzeugungen.

Agreeableness: Tendenz zu zynischem Verhalten, skeptisch, misstrauisch, Neigung, eigene Bedürfnisse und Interessen vor andere zu stellen, offen für Anerkennung der eigenen Leistungen, pragmatischer Realismus.

Conscientiousness: Einigermaßen vernünftige und rationale Entscheidungsfindung, hoher Anspruch bezüglich der eigenen Leistungen, teilweise unzuverlässig, Tendenz zu voreiligen Schlüssen, nicht immer regelkonform.

In der vorliegenden Untersuchung kann der Service eingesetzt werden, um Tendenzen im Verhalten des Nutzers zu erkennen und diese Tendenzen im Dialog aufzugreifen und zu thematisieren. Des Weiteren kann die Wahrscheinlichkeit für Nutzerpräferenzen erhöht werden, was zu einer Personalisierung des digitalen Akteurs beitragen würde. In der Verwendung einer normativen Bewertung von Persönlichkeitsmerkmalen, wie sie der Service anbietet, muss allerdings unbedingt beachtet werden, dass eine derartige Konstruktion sozialpsychologische Probleme wie Attributionsfehler oder algorithmische Voreingenommenheit mit sich bringen kann. Die Ergebnisse der API sollten daher nur als Annahme gewertet und im weiteren Dialog hinterfragt werden.

3.3.3.6 Google Cloud Speech-to-Text

Um eine zuverlässige Spracherkennung im Projekt zu ermöglichen, wird der *Speech Recognition Service* von Google eingesetzt. Mithilfe dieser API können Audiofiles dank leistungsstarker neuronaler Netze in Echtzeit in Textdateien umgewandelt werden. *Google Cloud Speech-to-Text* unterstützt derzeit die Erkennung von 120 Sprachen und Sprachvarianten.

3.3.3.7 Google Cloud Text-to-Speech

Die *Google Text-to-Speech*-Engine wird im Projekt für die Sprachausgabe verwendet. Während es bisher üblich war, kurze Audio-Samples aneinander zu reihen, um Wörter und Sätze zu generieren, setzt der Google Service auf eine vollständig trainingsbasierte Stimmsynthese. Das von Google übernommene Unternehmen *Deep Mind* hat dazu ein großes Trainingsset mit menschlichen Stimmbeispielen bei sehr hohen Abtastraten analysiert und anschließend auf eine automatisierte Stimmgenerierung angewendet. Durch eine menschliche Bewertung der Entwicklungsstufen *(supervised learning)* konnte die Synthese nach und nach angepasst werden.

Die Sprachausgabe von Google setzt automatische Betonungen und Pausen – etwa bei Fragen, einem gesetzten Komma oder am Satzende. Um manuell in die Parameter einzugreifen, unterstützt der Service die *Speech Synthesis Markup Language* (SSML).

Die explizit für Sprachausgaben entworfene Auszeichnungssprache lässt eine Manipulation der Stimmsynthese zum Beispiel in Lautstärke, Tonhöhe oder Sprechgeschwindigkeit zu. Es können zudem Pausen und sprachliche Hervorhebungen festgelegt werden.

Google stellt derzeit Sprachmodelle in über zwanzig Sprachen zu Verfügung, die sowohl weiblich als auch männlich anmutende Stimmen ermöglichen.

3.4   Entwurf von Interaktionsszenarien

3.4.1 Proaktives Verhalten

Traditionelle Softwarearchitekturen sind ohne den Anspruch entworfen, durch proaktives Verhalten dem Nutzer eine Eigeninitiative zu präsentieren. Programme wie beispielsweise Microsoft Word oder Adobe Photoshop reagieren auf die Eingaben der Nutzer, setzen diese in Rechenprozesse um und geben die Ergebnisse wieder an die Nutzer aus. Man würde diesen Programmen kein hohes Maß an agency zuschreiben, da sie nicht im Stande sind, autonom formulierte Aktionsketten durchzuführen. In Teilen losgelöst von rein menschlichen Eingaben sind Programme, die eine ereignisgesteuerte Architektur besitzen. Diese Systeme können auf äußere Ereignisse reagieren, wie z. B. auf signifikante Temperaturänderungen oder eingehende Textnachrichten, und daraufhin Aktionen in Gang setzen. Moderne Smartphones setzen eine ereignisgesteuerte Architektur ein, um Nutzer Benachrichtigungen, z. B. über Aktivitäten in sozialen Netzwerken, zu senden.

Auch digitale Assistenten wie *Siri* oder *Alexa* weisen kein initiatives Verhalten auf. Erst durch eingehende Sprachbefehle *erwachen* die Agenten und treten mit den Nutzern in einen Dialog. Die Handlungsfähigkeit der Assistenten ist daher deutlich eingeschränkt und unterstreicht die Unterordnung der Systeme in der Mensch-Maschine-Interaktion. Um als authentische Dialogpartner wahrgenommen zu werden, müssen digitalen Akteuren daher proaktive Verhaltensweisen zugesprochen werden.

In der Praxis dieser Untersuchung wird ein Modell mit vier Schritten eingesetzt, um eine systemische Handlungsinitiative zu formulieren:

Im ersten Schritt muss ein *Handlungsziel* des digitalen Agenten festgelegt werden. Die Ermittlung von Zielen erfolgt aus dem Kontext eines Dialogs, der Umgebung des Nutzers oder aus der Interaktionshistorie. Zum Beispiel könnte das Wissen über einen langen Arbeitstag des Nutzers Anlass für den Assistenten sein, für dessen Erholung zu sorgen. Anhaltspunkte für dieses Ziel liefern in diesem Fall der Dialog sowie die Ermittlung der Geoposition.

Um das Handlungsziel zu erreichen, muss eine *Methode* gewählt werden. Im genannten Beispiel würde sich der Agent für das Spielen von Musik entscheiden. Die Auswahl dieser Methode sowie die Musikauswahl erfolgt durch bereits identifizierte Interessen des Nutzers.

Wie auch in der zwischenmenschlichen Interaktion ist der *Zeitpunkt* eines initiativen Verhaltens wesentlich verantwortlich für dessen Akzeptanz. Befindet sich der Nutzer bereits im Kontext eines Dialogs mit dem Agenten, wird eine Unterbrechung stets vermieden. Auch die Geoposition des Nutzers kann Anhaltspunkte für einen geeigneten Zeitpunkt liefern. In diesem Fall entscheidet sich der Agent für den Start der Musik, sobald der Nutzer zu Hause ankommt. Um die Gefahr einer Störung des Nutzers durch ein System zu reduzieren, könnten weitere sensorische Fähigkeiten ihren Beitrag leisten. Denkbar wäre eine Ermittlung, ob sich der User aktuell in einer Unterhaltung mit einem anderen Menschen befindet.

Zuletzt kann die Handlungsinitiative des Agenten noch in ihrer *Dominanz* variiert werden. Eine direkte, sprachliche Interaktion stellt dabei ein *selbstbewusstes* Verhalten dar. Die Handlungsabsicht kann allerdings auch durch ein dezentes haptisches Feedback angekündigt werden. Im genannten Beispiel kann das Verhalten des Agenten als *dominant* gewertet werden, da er beim Erreichen der eigenen Wohnung ohne Ankündigung mit dem Spielen von Musik beginnt.

3.4.2 Nutzer und System lernen sich kennen

Die Kompetenz zur sprachlichen Vermittlung gibt dem digitalen Akteur die Möglichkeit, sich bei der Erstbegegnung dem Nutzer selbst vorzustellen und die eigenen Fähigkeiten zu präsentieren. Der Nutzer erfährt so, wie er mit dem System interagieren kann und welche Erwartungen an den Assistenten gestellt werden können. Durch die proaktive Ausrichtung des Systems kann sich der Nutzer zu Beginn des Dialogs in eine defensive Rolle begeben, in der zunächst nur Antworten auf gestellte Rückfragen nötig sind.

Für die Untersuchung ist es aber nicht nur bedeutsam, dass der Nutzer das System kennenlernt, sondern auch, dass das System im umgekehrten Sinne sowohl Informationen über die Persönlichkeit, den Gemütszustand und die Interessen des Nutzers sammeln kann als auch Anhaltspunkte für dessen Position und Umgebung erhält. Dieses Wissen kann in der weiteren Interaktion sowie bei der Individualisierung des Agenten angewandt werden.

Der anfängliche Dialog mit dem digitalen Akteur lässt sich durchaus als Smalltalk bezeichnen. Dabei fragt der Assistent den Nutzer zunächst nach seinem Namen. Rein technisch ist dieser Schritt notwendig, um für diesen ein Profil auf dem Gerät anzulegen. In diesem Profil können künftig, wie in einem menschlichen Gedächtnis, Informationen über die Person gespeichert werden. Wird der Vorname genannt, kann durch die Abfrage einer Online-Namensdatenbank mit hoher Wahrscheinlichkeit das Geschlecht des Nutzers ermittelt werden.

Im Folgenden erkundigt sich das System nach der derzeitigen Befindlichkeit des Nutzers. Die Antwort wird mithilfe des NLU-Service einer Sentiment-Analyse unterzogen. Die Auswertung liefert eine Einschätzung, wie positiv oder negativ die Aussage ausfällt. Spontan kann der digitale Akteur nun empathisch auf die Antwort reagieren. In einer langfristigen Nutzung liefert diese Abfrage

– wenn sie in regelmäßigen Abständen erfolgt – eine Datenlage zum Gemütszustand des Nutzers über längere Zeiträume. Vorausgesetzt wird hier, dass der Nutzer dem System ehrliche Einschätzungen seiner emotionalen Verfassung kommuniziert.

Der nachfolgende Dialog widmet sich der Ermittlung der Interessen und Persönlichkeit des Nutzers. Hierfür werden dessen Aussagen an den *Personality Insights* Service übergeben, um eine Auswertung anhand der *Big Five* Dimensionen zu erhalten. Um eine höhere Reliabilität des Versuchs zu erzielen, sollte der Testperson vor allem die Möglichkeit einer individuellen Versprachlichung gewährt werden. Während auf die Frage „Wie viel Uhr ist es?" keinerlei persönliche Note in der Antwort zu erwarten ist, besitzen offene Fragen zu den Hobbies und Lebensumständen ein höheres Analysepotenzial.

Wofür können die Ergebnisse aus der Persönlichkeitsanalyse konkret genutzt werden? In der praktischen Untersuchung beeinflusst die Analyse die Handlungsziele des proaktiven Verhaltens des Systems. Während Personen mit einer hohen *Extraversion*-Ausprägung beispielsweise einen temporeichen Lebensstil mit hoher Aktivität schätzen, haben Personen mit einer niedrigen Ausprägung in dieser Dimension ein Interesse an ausgedehnten Ruhepausen, um sich entspannen zu können (IBM, 2019a, b). Die Resultate der Big Five Analyse sollten allerdings lediglich als Annahmen behandelt werden.

Der Dialog bietet die Möglichkeit, diese im Gespräch mit dem Nutzer später zu hinterfragen. Ein langfristiger Betrieb des Systems muss daher auf einem wiederholten Wechselspiel aus Analyse und Feedback aufbauen.

3.4.3 Standortbezogene Interaktion

Basis für eine standortbezogene Interaktion ist die Geoposition des Nutzers. Durch die sensorischen Fähigkeiten, diese Position zu ermitteln, ist das System in der Lage, Relationen zu Datensätzen im Web herzustellen. Das bedeutet, es entstehen kausale Zusammenhänge zwischen digitaler Information und analoger Umwelt des Menschen. Allerdings müssen diese Informationen aufgrund der bestehenden Relation zum derzeitigen Standort noch keine Relevanz für den Nutzer besitzen. Ob dieser aktuell überhaupt Interesse an standortbezogenen Informationen hat, muss bei der Generierung von Handlungszielen ermittelt werden.

Der Nutzer kann Handlungsziele aber auch selbst definieren, indem er zum Beispiel das System darum bittet, ihn auf interessante Orte in der näheren Umgebung hinzuweisen. Die Aufgabe des digitalen Agenten ist es nun, aufgrund der Annahmen über Persönlichkeit und Interessen oder auch durch kontextuales Wissen aus vergangenen Dialogen geeignete Ziele zu wählen. Die

Personalisierung des Systems dient damit als Filtermethode und verhindert eine Informationsüberflutung. Erreicht der Nutzer nun einen relevanten Ort, besteht in der Interaktion auch ein situativer Kontext. Details des Standorts können jetzt, basierend auf dem Umstand, dass der Nutzer vor Ort ist und jene mit seinen Sinnen erfassen kann, auch im Dialog aufgegriffen werden.

Beispielsweise könnte eine Person an historischen Sehenswürdigkeiten in Würzburg interessiert sein. An der *Residenz* angekommen, signalisiert das System durch ein Vibrationsmuster mit zwei kurzen Schlägen, dass es Informationen für den Nutzer bereithält. Auf Nachfrage werden ihm einige Details zum Residenzbau wie Bauzeit und geschichtliche Ereignisse präsentiert. Der Nutzer kann sich aber auch über Bewertungen anderer Nutzer erkundigen und sich so eine Einschätzung des Ortes geben lassen.

Um neue ortsbasierte Informationen an bisher unerschlossenen Standorten abzulegen oder um einen Wissensbestand an bestehenden Orten zu erweitern, sollten Nutzer die Möglichkeit haben, an den verfügbaren Datensätzen zu partizipieren. Auch dabei kann das System behilflich sein und die Aussagen der Nutzer um Analysemethoden erweitern.

Steht die Person beispielsweise gerade im Hofgarten der *Residenz*, kann sie dem digitalen Agenten persönliche Eindrücke und Details zu diesem Ort vermitteln. Eine Aussage könnte sein: „Ich stehe hier im Hofgarten und blicke auf die Residenz. Ich höre die Vögel zwitschern – ein sehr idyllischer Ort. Es sind kaum Menschen hier und ich genieße die Ruhe." Per NLU versucht das System nun, das Gesagte semantisch einzuordnen. Dem Service ist es möglich, Themenkategorien, Stimmung und Schlüsselwörter zu ermitteln. Die neu erhobenen Daten können so anderen Personen zur Verfügung gestellt werden.

Grundsätzlich soll das beschriebene Verfahren Menschen dazu ermutigen, öffentliche Räume neu zu erleben. Auch bekannte Umgebungen bieten potenziell spannende Erfahrungen. Digitale Informationen können, ähnlich wie physisch vorhandene Informationen, fest in der Umwelt verortet und wahrgenommen werden.

In Analogie zur Abfrage statischer Datensätze können auch Echtzeit-Daten auf gleiche Art und Weise verarbeitet werden. In der Untersuchung wird dafür eine eigens konstruierte Sensorplattform eingesetzt, die mit einem Temperatur-, Luftfeuchtigkeits- und Luftdruckfühler ausgestattet ist. Darüber hinaus ist auch ein Beacon-Modul verbaut, um dem Prototypen zu signalisieren, zu welchem Zeitpunkt die Sensorplattform in Reichweite ist. Befindet sich der Nutzer also in der Nähe von dieser Sensorik, kann der digitale Akteur ihn über die aktuellen Messwerte informieren. Der Prototyp – und damit auch dessen Nutzer – kann durch externe, verortete Datenquellen sensorisch erweitert werden und Teil des situativen Dialog-Kontexts werden.

3.4.4 Multimodale Interaktion

Das bislang vorherrschende Bild eines digitalen Interfaces definiert sich vor allem durch visuelle Ein- und Ausgabemethoden. Displays werden in den gebräuchlichen Endgeräten zum Punkt der Begegnung zwischen Mensch und Maschine. Das menschliche Eingreifen in die dargestellte Information ist heute nicht nur metaphorisch zu verstehen, sondern durch Touchscreens zur Realität geworden.

Ein Fokus der vorliegenden Untersuchung liegt auf der Erforschung eines gesprochenen Systemdialogs. Durch den Entwurf einer mobilen Plattform ist es möglich, zu jeder Zeit eine Äußerung oder Bitte an einen digitalen Agenten zu richten. Die Fähigkeit zur Erkennung und Umwandlung der gesprochenen Wörter in eine schriftliche Variante erlaubt dem System die Verarbeitung der natürlichen Sprache in digitale Prozesse. Bei Bedarf kann der digitale Akteur im Anschluss, dank einer synthetischen Sprachausgabe, dem Nutzer auf gleichem Wege antworten. Bei einer rein sprachlichen Interaktion, wie sie bei *Siri* oder *Alexa* stattfindet, wird beim Menschen lediglich ein Empfindungskomplex adressiert, nämlich die auditive Wahrnehmung. Durch die Entwicklung von multimodalen Anwendungen sollen Interaktionsformen entwickelt werden, die in der Ein- und Ausgabe mehrere Sinnesmodalitäten des Menschen ansprechen, um eine Informationsvermittlung auf mehreren Kanälen zu ermöglichen.

Um dieses Prinzip auf den Prototypen anzuwenden, wird die sprachliche Interaktion um weitere Ein- und Ausgabemethoden erweitert, die schließlich zu einem sinnvollen multimodalen Erlebnis kombiniert werden können.

3.4.4.1 Haptisches Feedback

Der im Tragegurt des Prototyps verbaute Vibrationssensor kann dem Nutzer als haptisches Feedback dienen. David Ternes und Karon E. MacLean haben gezeigt, dass Menschen durch ihren Tastsinn und ihren kognitiven Fähigkeiten durchaus in der Lage sind, eine Reihe an Vibrationsmustern voneinander zu unterscheiden. Sogenannte *Haptic Icons* können aus einer Kombination aus Rhythmus, Frequenz und Amplitude der Vibration entwickelt werden (vgl. Ternes & MacLean, 2008). Vibrationsmuster wie das eines simulierten Herzschlags können von Nutzern auch als solche erkannt werden und sind aufgrund ihrer natürlichen Analogie bereits codiert. Die Interpretation von abstrakten Mustern hingegen wird durch eine wiederholte Verwendung des digitalen Akteurs in ähnlichen Situationen zunächst etabliert und kann vom Nutzer mit der Zeit wie eine Sprache erlernt werden. Dabei sollte nicht davon ausgegangen werden, dass auch komplexe Botschaften über dieses Medium transportiert werden können. An erster Stelle dienen die haptischen Reize der diskreten Hinweisübermittlung und einer inhaltlichen Konnotation.

Abb. 5 Interaktion mit einer Kartendarstellung auf dem Tablet

3.4.4.2 Earcons

Wie die haptischen Feedbacks werden *Earcons* in der Untersuchung zur Übertragung diskreter niederkomplexer Botschaften eingesetzt. Den kurzen, synthetisch erzeugten Klangmustern stehen allerdings im Vergleich zu den Vibrationsmustern weitere Parameter zur Verfügung. Tonhöhe, Harmonie und Klangfarbe bieten zusammen mit Rhythmus, Notenwert und Lautstärke breite Variationsmöglichkeiten. Durch die Verwendung von kurzen Harmonien und polyphonen Klängen kann eine emotionale Brücke zum Menschen geschaffen und ein Charakteristikum des digitalen Akteurs geprägt werden.

3.4.4.3 Visuelle Interfaces

Die Möglichkeiten des gesprochenen Dialogs erweitern die Interaktion mit dem System um eine intuitive Ein- und Ausgabemethode, bei der in vielen Fällen eine visuelle Unterstützung nicht nötig ist bzw. keinen direkten Mehrwert bietet. Dennoch muss und sollte auf visuelle Inhalte nicht gänzlich verzichtet werden. Der Inhalt und der situative Kontext sollten die Darstellungs- und Interaktionsform bestimmen. Warum beispielsweise ein Bild oder einen Film aufwändig sprachlich beschreiben, wenn sie dem Nutzer auch gezeigt werden können? Künstlich intelligente Systeme sollten eine multimodale Nutzung ermöglichen, die einen fließenden Übergang zwischen verschiedenen Medienformen ermöglicht.

Schlägt der digitale Akteur dem Nutzer geeignete Ziele in der Umgebung vor, so kann sich dieser mittels einer Kartendarstellung auf dem Tablet oder Smartphone über die genauen Standorte informieren. Die Stadtkarte dient als dynamische Infografik und erleichtert die Übersicht für den Nutzer um ein Vielfaches. Der praktische Nutzen der grafischen Oberfläche steht dabei im Vordergrund.

Mit Hilfe von *Augmented Reality* oder *Virtual Reality* wäre es auch denkbar, durch ein immersives Eintauchen in digitale Inhalte den Erlebniswert von Informationen zu erhöhen. Durch digitale Technologien stehen einer künstlichen Intelligenz damit sehr viele Vermittlungsformen zur Verfügung, die einen Dialog reichhaltig erweitern können (Abb. 5).

4   Perspektiven für die Zukunft: Ein personalisierter Assistent als dauerhafter Vermittler digitaler Information

Für die Zukunft des *Affective Computings* und der Vision von digitalen Systemen, die als personalisierte Begleiter in den menschlichen Alltag integriert sind, besitzt der Schutz persönlicher Daten nicht nur eine hohe Priorität, sondern entscheidet über deren grundsätzliche Akzeptanz bei den Menschen. Niemand öffnet einem digitalen Akteur gerne die Tür zu seinen Emotionen, wenn dies Teil einer manipulativen Konzernstrategie ist. Ein berechtigtes Vertrauen in digitale Produkte hingegen bahnt den Weg für eine ganze Reihe spannender Auseinandersetzungen im Austausch von Mensch und Maschine.

Computer aus dem Jahre 1997 waren, abgesehen von den damals noch sehr teuren Laptops, meist in großen Gehäusen untergebracht und die Bildausgabe erfolgte über schwere Röhrenbildschirme. Die Systemleistung war im Vergleich mit heutigen Smartphones unbedeutend. Und so wie sie die Menschen mit technologischen Neuerungen faszinieren konnten, genauso frustrierend konnten sie auch sein: Die Systeme waren geplagt von zahlreichen Abstürzen und kaum bis nicht interpretierbare Fehlermeldungen. Für Online-Updates, die wie heute eine schnelle Abhilfe bei Fehlern hätten schaffen können, fehlte damals die technologische Infrastruktur. Das Internet erfreute sich zwar schon einiger Beliebtheit, doch die Bandbreite hätte für größere Datenpakete nicht ausgereicht.

Die Probleme im Umgang mit Computern aus dem Jahr 1997 gehören 25 Jahre später größtenteils der Vergangenheit an. Ein rasanter technischer Fortschritt hat die Systeme stabiler und leistungsfähiger gemacht. Moderne Smartphones sind für viele Menschen zum digitalen Mittel der Wahl geworden. Neben der unbegrenzten Mobilität schätzen die Nutzer die Effizienz und Einfachheit in der Bedienung. Der reduzierten Komplexität im Umgang mit den Geräten fielen allerdings im Vergleich zu herkömmlichen Computern auch technische Funktionalitäten zum Opfer. So erlauben Smartphones nur einen bedingten Zugriff auf interne Systemoperationen. Die Programmierung eigener Anwendungen mit den Geräten ist ebenfalls nicht möglich. Gleiches betrifft die Dateiverwaltung, welche oft nicht manuell durch den Nutzer erfolgen kann. Einschränkungen finden sich auch in der Anbindung von Peripheriegeräten, wenn diese nicht proprietär für die Nutzung des jeweiligen Endgeräts konzipiert sind.

Die Nutzer scheinen damit größtenteils einverstanden zu sein, solange die Erwartungen an einfach zu bedienende Technologien erfüllt werden. Denn das Potenzial der digitalen Welt wird ohnehin nicht mehr in Gigahertz oder Megapixel gemessen – stattdessen bestimmen heute digitale Services, was der Nutzer kann oder nicht kann. Viele Funktionalitäten, die heute über die Geräte zur Verfügung stehen, sind durch Operation in der Cloud weitestgehend geräteunabhängig. Für Navigationslösungen, Kalender, Social-Media Apps und sogar für die klassische Textverarbeitung dienen Smartphones vermehrt als schlankes Trägermedium, ausgeführt aber werden sie auf entfernten Servern.

Warum wurde für einen Blick in die Computer-Historie ausgerechnet das Jahr 1997 gewählt? In jenem Jahr wurde Picards Buch *Affective Computing* veröffentlicht. Das Buch dient als Manifest einer bis heute bedeutenden gleichnamigen Forschungsrichtung. Auch die vorliegende Untersuchung wurde in vielen Aspekten von diesem Grundlagenwerk inspiriert. Dabei sind viele Ideen aus Picards Darstellung keineswegs veraltet, sondern womöglich so aktuell wie nie zuvor.

Denn nachdem viele Hard- und Softwareprobleme passé sind und Cloud-Services in vielen Anwendungsfällen zum Mittel der Wahl geworden sind, könnte nun die Zeit gekommen sein, in der digitale Technologien tatsächlich an den Bedürfnissen der Menschen ausgerichtet werden. Es reicht dafür nicht, allein durch Marktforschung den Interessen von Zielgruppen auf den Grund zu gehen. Digitale Lösungen tragen nicht nur das Potenzial in sich, individuell auf die technologischen Erwartungen eines einzelnen Menschen einzugehen, sondern ihn auch als Wesen mit Emotionen, Tagesform und Persönlichkeit zu begreifen. Es scheint nicht weit genug gedacht, für alle Menschen dieselben Systeme zu entwerfen. Denn so verschieden wie die Menschen sind und deren Emotionen ausfallen können, so verschieden sind auch deren Erwartungen dafür, welche Rolle Technologien im Alltag einnehmen sollten. Es kann keine allgemeine Aussage darüber getroffen werden, ob Menschen in Zukunft gerne von digitalen Akteuren überrascht werden wollen. Ähnlich unhaltbar ist die Behauptung, dass der Umgang mit Technologie immer durch Einfachheit bestechen muss. Die Lösung liegt auch nicht in der Mitte, sondern kann in personalisierten Umgebungen vermutet werden, die sich mit dem Menschen fortentwickeln. „Computers do not need affective abilities for the fanciful goal of becoming humanoids; they need them for a meeker and more practical goal: to function with intelligence and sensitivity toward humans", so Picard (1997, S. 247).

In der vorliegenden Untersuchung dient eben jene Sensitivität im Umgang mit Menschen und deren Emotionen und Persönlichkeit als Basis für den Entwurf eines dauerhaften digitalen Begleiters. Das prototypisch umgesetzte System ist als personalisierter Vermittler zwischen digitalen Informationen und dessen Nutzer zu verstehen. In den meisten der angelegten Szenarien ist der gesprochene Dialog zwischen Mensch und Maschine das Mittel der Wahl. *Voice User Interfaces* versprechen bei einer entsprechend hochentwickelten künstlichen Systemintelligenz als simulierter Kommunikationspartner eine intuitive Interaktion mit digitalen Technologien.

In der Praxis sollte Inhalt und situativer Kontext letztlich über die Art der Vermittlung entscheiden. Das Prinzip eines Dialogs aber liefert wertvolle Grundlagen für den Entwurf jeglicher Interfaces. Transparenz und offener Austausch an Stelle der Entwicklung von Black Boxes schaffen neues Vertrauen im Umgang mit künstlicher Intelligenz.

5   Fazit

In den Technologien aus dem Forschungsgebiet der künstlichen Intelligenz sehen Computerwissenschaftler die Basis für ein neues Digitalzeitalter. Die Vision von kognitiven Systemen ist allerdings keineswegs neu. Bereits vor über 60 Jahren wurden erste Ansätze zur Realisierung selbstlernender Maschinen entwickelt. Das Internet als Aggregator beträchtlicher Mengen an Trainingsdaten sowie die Leistungsfähigkeit moderner Rechenchips gelten nun als Auslöser für einen neuen Aufschwung künstlicher Intelligenz.

Das *Machine Learning* ist heutzutage fester Bestandteil von sozialen Plattformen und Suchmaschinen. Für eine bewusste Begegnung mit künstlicher Intelligenz sorgen seit kurzem die frei verkäuflichen digitalen Assistenten wie *Amazon Echo* oder *Google Home,* deren Interaktion auf einem gesprochenen Dialog basiert. Derzeit besitzen die Systeme noch einige technologische Einschränkungen und sind mit einer menschlichen Intelligenz nicht ansatzweise zu vergleichen. Ohnehin gibt es keinen wissenschaftlichen Konsens darüber, ab wann ein System tatsächlich als intelligent bezeichnet werden sollte und ob digitalen Assistenten überhaupt eine Handlungskompetenz zugeschrieben werden kann.

Um die Zukunft von künstlich intelligenten Systemen nicht lediglich an technischen Machbarkeiten zu orientieren, lag der Fokus der vorliegenden Untersuchung auf der Integration von gestaltungsorientierten Prozessen in eine interdisziplinäre Entwicklungsarbeit. Bislang verhindert eine hohe technische Komplexität eine einfache Prototypisierung von Interaktionsszenarien mit künstlicher Intelligenz. In der Entwicklung eines offenen Frameworks begegnet der praktische Teil der Arbeit *Systemdialog* diesen technologischen Herausforderungen und bildet die Grundlage für einen eigenen Entwurfsprozess. Mithilfe eines mobilen und stets erweiterbaren Systems werden vor allem die Möglichkeiten zur Personalisierung und der Konzeption emotionaler Intelligenz in Bezug auf digitale Akteure untersucht. Das von Picard begründete Forschungsfeld des *Affective Computings* kann hierfür als Ideengeber betrachtet werden. Die vorliegende Untersuchung stützt die These, dass für die Entwicklung von intelligenten Systemen – wenn diese fest in den menschlichen Alltag verwoben sein sollen – auch eine maschinelle emotionale Intelligenz von Bedeutung ist.

Durch eine Personalisierung des digitalen Akteurs soll die Einzigartigkeit eines jeden Nutzers nicht nur respektiert werden, sondern als Basis für einen gelingenden Dialog zwischen Mensch und Maschine dienen. Im Gegensatz zu den digitalen Assistenten der Gegenwart, die nur auf menschlichen Zuruf reagieren, besitzt der Prototyp die Möglichkeit eines proaktiven Verhaltens. Durch sensorische Ereignisse sowie die Analyse des Nutzerverhaltens entwickelt der digitale Akteur eigene Handlungsziele und kommuniziert diese zu einem passenden Zeitpunkt. Trotz des eigens gesetzten Fokus auf eine sprachliche Interaktion ist das System in der Lage, mehrere Sinnesmodalitäten des Nutzers anzusprechen. So kann der digitale Akteur bei Bedarf auf visuelle Inhalte zurückgreifen und über haptische und auditive Erlebnisse sowohl diskret als auch emotional kommunizieren.

Die Angst vor einem Missbrauch jener Daten, die für die Analyse menschlicher Verhaltensweisen zum Zweck der Personalisierung benötigt werden, wird in der Arbeit *Systemdialog* ernst genommen. Vergangene Datenskandale und die manipulativen Methoden großer Konzerne haben das Vertrauen der Menschen in die digitalen Medien teilweise stark verletzt. Eine breite Partizipation an der Entwicklung von KI-Lösungen soll Platz für neue Allianzen und Wettbewerber schaffen, die mit einer hohen Sensibilität für die Natur und die Bedürfnisse der Menschen transparente und innovative digitale Lösungen in Zukunft vorantreiben.

Literatur

Anand, S. S., & Mobasher, B. (2005). Intelligent techniques for web personalization. In S. S. Anand & B. Mobasher (Hrsg.), *Intelligent techniques for web personalization. ITWP 2003. Lecture notes in computer science* (Bd. 3169). Berlin, Heidelberg: Springer.

Bonsiepe, G. (1994). *Interface – Design neu begreifen*. Mannheim: Bollmann.

Costa, P., & McCrae, R. R. (1998). *The revised NEO personality inventory – The SAGE handbook of personality theory and assessment*. London: SAGE Publications.

Daum, T. (2019). *Die Künstliche Intelligenz des Kapitals*. Edition Nautilus.

Denert, E. (1991). *Software-Engineering*. Heidelberg: Springer.

Gilbert, D., Aparicio, M., Atkinson, B., Brady, S., Ciccarino, J., Grosof, B., O'Connor, P., Osisek, D., Pritko, S., Spagna, R., & Wilson, L. (1995). *IBM intelligent agent strategy*. IBM Corporation.

Halbach, W. R. (1994). *Interfaces – Medien- und kommunikationstheoretische Elemente einer Interface-Theorie*. München: Fink.

Honert, M. (2019). Der Evolution ist ja egal, ob wir glücklich sind. https://www.tagesspiegel.de/gesellschaft/menschen-gegen-roboter-der-evolution-ist-ja-egal-ob-wirgluecklich-sind/20268974.html. Zugegriffen: 12. Apr. 2019.

Hurtz, S. (2017). Sind Smartphones vielleicht doch ein Problem? https://www.sueddeutsche.de/digital/doku-reihe-homo-digitalis-sind-smartphones-vielleicht-dochein-problem-1.3723358. Zugegriffen: 19. Mai 2019.

IBM. (2019a). Wissenschaftliche Grundlage – Personality Insights. https://cloud.ibm.com/docs/services/personality-insights?topic=personality-insights-science&locale=de. Zugegriffen: 18. Juni 2019.

IBM. (2019b). Big five personality facets – Descriptions of high and low values. https://watson-developer-cloud.github.io/doc-tutorial-downloads/personality-insights/Personality-Insights-Facet-Characteristics.pdf. Zugegriffen: 25. Juni 2019.

Jeong, J., & Shin, D.-H. (2015). It's not what it speaks, but it's how it speaks – A study into smartphone voice-user interfaces (VUI). In M. Kurosu (Hrsg.), *Human-computer interaction – Interaction technologies. HCI 2015. Lecture notes in computer science* (Bd. 9170). Cham: Springer.

Peuker, B. (2010). Akteur-Netzwerk-Theorie (ANT). In C. Stegbauer & R. Häußling (Hrsg.), *Handbuch Netzwerkforschung*. Wiesbaden: Springer VS.

Picard, R. (1997). *Affective computing*. Cambridge: The MIT Press.

Poschauko, T., & Poschauko, M. (2013). *Nea Machina*. Mainz: Hermann Schmidt.

Raspberry Pi Foundation. (2019). Raspberry Pi Foundation Annual Review 2018. https://static.raspberrypi.org/files/about/RaspberryPiFoundationReview2018.pdf. Zugegriffen: 10. Juni 2019.

Reeves, B., & Nass, C. (1996). *The Media Equation – How People Treat Computers, Television, and New Media Like Real People*. Chicago: University of Chicago Press.

Schwartz, H. A., Eichstaedt, J. C., Kern, M. L., Dziurzynski, L., Ramones, S. M., Agrawal, M., Shah, A., Kosinski, M., Stillwell, D., Stillwell, D., Seligman, M. E. P., & Ungar, L. H. (2013). Personality, gender, and age in the language of social media: The openvocabulary approach. https://doi.org/10.1371/journal.pone.0073791. Zugegriffen: 27. Juni 2021.

Searle, J. (1980). Minds, brains, and programs. In J. Searle (Hrsg.), *Behavioral and brain sciences*. Cambridge: Cambridge University Press.

Sudmann, A. (2018). Szenarien des Postdigitalen – Deep Learning als Medien-Revolution. In C. Engemann & A. Sudmann (Hrsg.), *Machine Learning – Medien, Infrastrukturen und Technologien der Künstlichen Intelligenz*. Bielefeld: Transcript.

Ternes, D., & MacLean, K. E. (2008). Designing large sets of haptic icons with rhythm. In M. Ferre (Hrsg.), *Haptics – Perception, devices and scenarios. EuroHaptics 2008. Lecture notes in computer science* (Bd. 5024). Berlin, Heidelberg: Springer.

Vorderer, P., Klimmt, C., Rieger, D., Baumann, E., Hefner, D., Knop, K., Brew-Sam, N., Mata, J., Von Pape, T., Quandt, T., Reich, S., Reinecke, L., Trepte, S., Sonnentag, S., & Wessler, H. (2015). *Der mediatisierte Lebenswandel – Permanently online, permanently connected*. Wiesbaden: Springer VS.

Weiser, M. (1991). The computer for the 21st century. https://www.lri.fr/~mbl/Stanford/CS477/papers/Weiser-SciAm.pdf. Zugegriffen: 10. Apr. 2019.

Tobias Rachl, M.A. Informationsdesign, B.A. Kommunikationsdesign, ist User-Experience Designer und Creative Technologist. Er arbeitet in München im Bereich der digitalen Produktentwicklung bei einem Anbieter für industrielle Internet of Things Lösungen. Sein Schwerpunkt liegt in der Konzeption, dem User-Experience Design sowie der Optimierung datengetriebener Web- und Mobilanwendungen. www.tobiasrachl.de

Design durch, für und über ethisches Denken

Luisa Wolf

Einleitung

Designer sind Menschen und haben als solche Teil an einem Gesellschaftsvertrag. Wer sich dafür entscheidet, Designer zu sein, entscheidet sich dafür, Menschen mit seinen Arbeiten auf die eine oder andere Art zu beeinflussen. Die Wirkung dessen, was Designer in das Gefüge der Gesellschaft einbringen, sollte immer ein Schlüsselfaktor ihrer Arbeit sein. Jedes Individuum auf diesem Planeten sollte diesen mit innovativen Ideen verbessern wollen. Auch in der Rolle des Designers ist man hiervon nicht ausgenommen und muss sich mit den ethischen Aspekten seiner Arbeit und dem Verantwortungsbegriff von Design auseinandersetzen.

Implementierungen ethischer Theorien in die gestalterische Praxis stehen jedoch erst am Anfang. Hieraus ergibt sich der Ausgangspunkt der vorliegenden Arbeit, nämlich welche Rolle diese Überlegungen gesellschaftlich spielen und wie sie sich in eine Designpraxis übersetzen lassen.

Im Rahmen meiner Masterarbeit habe ich ein Tool entworfen, welches Designer unterstützen soll, ihre Arbeiten ethisch zu hinterfragen und im Designprozess ethische Gedanken und Thesen einfließen zu lassen. Die zugrunde liegende Entwicklungsfrage lautete: Welche Möglichkeiten gibt es, Grundsätze ethischen Denkens in eine angewandte und kontextbezogene Designpraxis zu übertragen? Neben Themen wie gesellschaftlicher Verantwortung oder dem Wert von Gestaltung sollte jeder seine eigene Position hinterfragen und sich selbst

L. Wolf (✉)
Hamburg, Deutschland
E-Mail: luisa.wolf@icloud.com

G. Schweppenhäuser et al. (Hrsg.), *Ambivalenzen der Optimierung*, Würzburger Beiträge zur Designforschung, https://doi.org/10.1007/978-3-658-36165-5_5

als Gestalter neu definieren. Um Gestaltern den Zugang zur Philosophie der Moral zu erleichtern, habe ich ein Nachschlagewerk zusammengestellt, welches Wege in die Philosophie aufzeigt und verschiedene Positionen vorstellt. Darauf basierend lassen sich mithilfe eines Toolkits Bezüge zur Designpraxis herstellen. Die Felder, welche an den Schnittstellen von Gestaltung und Moralphilosophie entstehen, werden beschrieben, analysiert und kategorisiert. In Kombination mit dem Nachschlagewerk entsteht ein dynamisches Toolkit, das eine Grundlage zum Reflektieren über bereits bestehende Projekte bietet und als Entwicklungstool für zukünftige Projekte geeignet ist. So wird ein neuer, praxisbezogener Blickwinkel auf die Thematik von Ethik und Design eröffnet: ein Beitrag zu einer zukünftigen Designpraxis, in der Designer den Wert ihrer Arbeit anhand ihrer Handlungsfolgen und nicht anhand ästhetischer Überlegungen entwickeln und beurteilen.

1   Design

Da Design sich auf immer größere und komplexere Produktionsgefüge anwenden lässt, führt dies zu einer Erweiterung von Begriffsumfang und Anwendungsbereichs des Begriffs (Latour, 2009, S. 358). Man könnte es wie folgt beschreiben: Materialität und Moralität verschmelzen im Design. Bazon Brock plädiert für eine Erweiterung im Design. „Wo bisher Design in erster Linie die Gestaltung von Industrieprodukten meinte, sollte hinkünftig unter Design auch Gestaltung von Lebensformen, Werterhaltung, sprachlichem Gestus bestimmbar sein." (Brock, 2013, S. 75). Wenn Design als ein soziales und verantwortungsvolles verstanden wird, ist die Frage nach dem, was Design leisten muss, „eine Frage der Ethik" (Borries & Fezer, 2013, S. 66).

1.1   Intention-Behavior-Gap

Erkenntnisse aus der Psychologie belegen, dass reine Informationsvermittlung nicht ausreicht, um nachhaltige Verhaltensänderungen herbeizuführen. Das menschliche Verhalten wird zu 80 % von unterbewussten Emotionen geleitet. Handlungen resultieren nicht ausschließlich aus rationalen Überlegungen, sie werden stets zu einem großen Teil durch Erfahrungen und Umgebung geprägt (vgl. Teed Rockwell, 2019). Diese Problematik wird in der Psychologie auch als Intention-Behavior-Gap (vgl. Wiedermann, 2021) bezeichnet. Er entsteht dadurch, dass immer mehr Wissen generiert und durch digitale Vernetzung in kürzester Zeit verfügbar gemacht wird, Menschen jedoch nicht im Stande sind, alle komplexen Informationen zu interpretieren und zu verarbeiten. Grund hierfür ist auch die Schwierigkeit, diesen Informationsfluss zu filtern. Um die Diskrepanz zwischen dem Wissen über bestimmte Probleme und dem Ausbleiben der entsprechenden Handlungen zu überbrücken, können Designer als „Übersetzer" oder „Überbrücker" dieses Gaps tätig werden. Ein wichtiger Aspekt einer solchen Kommunikation besteht darin, eine zielgruppengerechte Ansprache zu finden und komplexe Inhalte so zu simplifizieren, dass für den Einzelnen einen Gebrauchswert geschaffen wird (Michelsen, 2007, S. 33). Durch die Gestaltung von Kommunikation, Produkten und Dienstleistungen werden Designer zu Katalysatoren für Veränderungen in der Gesellschaft. An dieser Stelle kann Design den entscheidenden Beitrag leisten, indem es Wahrnehmungs- und Handlungsmuster der Gesellschaft zu durchbrechen und neu zu organisieren hilft (vgl. Stephan, 2016, S. 202–226).

Die Moral eines Designers beschränkt sich allerdings nicht nur auf die Gestalt eines Produkts, sondern schließt Handlungsmöglichkeiten und Auswirkungen auf die Gesellschaft mit ein (Romero-Tejedor, 2007, S. 42). Gui Bonsiepe fordert ein menschbezogenes und nicht mehr nur objektbezogenes Design und Produkte, die nicht von obszönem Überfluss gezeichnet sind (Selle, 1973, S. 159). Für Friedrich von Borries ist Design eine „grundlegende Form politischen und gesellschaftlich verantwortlichen Handelns" (Borries & Fezer, 2013, S. 3).

Durch die Fähigkeit des moralischen Handelns muss der Designer auch die Dimension seiner Verantwortung betrachten. Die Frage nach dem, was wir gestalten, wird abgelöst von der Frage nach dem Wie. Wir müssen zukunftsfähiger, menschlicher oder allgemein verantwortungsvoller gestalten, um bewusster Entscheidungen als Designer für den Menschen und die Umwelt zu optimieren.

2 Ethik und Design

Die Frage nach einer anwendbaren Ethik im Design ist zwar nicht erst seit kurzem präsent, sie steckt jedoch immer noch in den Anfängen und bietet bislang kaum praktische Anhaltspunkte, was Ethik auf dem Gebiet des Designs überhaupt zu leisten hat (vgl. Schweppenhäuser & Bauer, 2017). Ausgebildete Gestalter streben immer mehr nach einer Erweiterung ihrer Gestaltungskompetenz um die Aspekte des vorausschauenden Denkens, interdisziplinären Arbeitens, sowie der aktiven Partizipation an gesellschaftlichen Entscheidungsprozessen. Für die Implementierung dieser Kompetenzen kann es auf diesem Gebiet keineswegs einen universellen Wahrheitsanspruch geben, sondern lediglich ein heterogenes

Feld von Maßnahmen, welche die Auseinandersetzungen mit gesellschaftlichen Strukturen initiieren, indem sie diese beschreiben, analysieren und gestalten. Ein solches Feld bezeichnete Michel Foucault als Dispositiv (Foucault, 1978, S. 119 f.). Design ist heute ein dispositiver Faktor, indem es Wissen vermittelt und zugleich Handlungsoptionen aufzeigt.

Gerade Design kann von einer Verbindung verbaler und visueller Rhetorik profitieren.

Im Folgenden wird zwischen drei Denkkollektiven unterschieden und der Frage nachgegangen, wie Design und ethisches Denken zusammenspielen können. Der Begriff Denkkollektiv (nach Ludwik Fleck) wird hier eingeführt, da die Übergänge der verschiedenen Denkweisen und Mikrodisziplinen fluide sind.

3   Design durch, für und über ethisches Denken

Ausgehend von Bruce Archers Unterscheidung zwischen „Research for, through and about Design", unterscheide ich zwischen Design durch, für und über ethisches Denken.

Durch den Zwang, sich immer besser an die unterschiedlichen Bedürfnisse anzupassen, hat sich das Design in unterschiedliche Mikrodisziplinen aufgespalten. Diese Disziplinen wollen neue Strategien hervorbringen, um sich mit den komplexen Themen unsere Zeit auseinanderzusetzen. Einige davon haben sich auf ethischen Fragestellungen spezialisiert. Die Denkkollektive bilden einen Rahmen für den jeweiligen Bereich, in welchen auf unterschiedliche Weisen ethisches Denken im Designprozess integriert wird (Abb. 1).

Ein Beispiel für Design durch ethisches Denken ist das Social Design. Diese Designbewegung findet hauptsächlich im Bereich der öffentlichen und sozialen Räume und der Entwicklungshilfe statt. Design für ethisches Denken hat seinen Weg in die Praxis beispielsweise durch das Critical und Speculative Design gefunden. Es ist ein alternativer Weg für die gestalterische Praxis, um mit ethischen Fragen umzugehen. Design über ethisches Denken unterscheidet sich von den beiden anderen Bereichen, indem die Prozesse von ethischem Denken aus einer anthropologischen und philosophischen Perspektive beschrieben werden. Es ist eine Form von Designwissenschaft, welche die Metaebene von ethischen, kritischen und spekulativen Fragen erforscht.

Ausgehend von dieser Differenzierung in die drei Denkkollektive können Praxisbeispiele der drei Diskurse nach ihren spezifischen Absichten, Strategien und Ästhetiken abgefragt werden. Im Aufspannen dieses komplexen Netzes soll nun die Feinmaschigkeit dieser drei Bereiche untersucht und veranschaulicht werden.

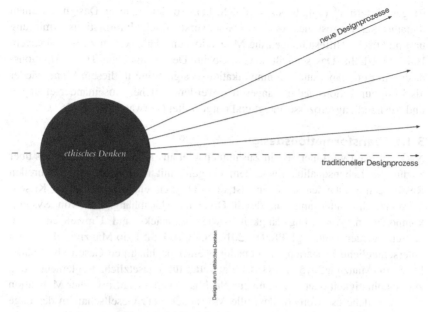

Abb. 1 Design für ethisches Denken

3.1 Design durch ethisches Denken

Design durch ethisches Denken arbeitet auf die Verwirklichung bestehender Werte hin. Es ist eine praktische Handlungsform, nachdem ethisches Denken bereits stattgefunden hat. Zwei Designströmungen, die zu diesem Denkkollektiv zu zählen sind, sind Transformationsdesign, dessen Begrifflichkeit vor allem durch Bernd Sommer und Harald Welzer geprägt worden ist, und das Social Design, welches sich nochmals in einzelne Mikrodisziplinen untergliedern lässt. In beiden Strömungen hat das ethische Denken bereits vor dem Designprozess stattgefunden und verändert von Grund auf das Verständnis und den Handlungsspielraum bzw. Aufgabenbereich, in dem Designer wirken. Das ist die Grundlage für einen anthropologischen Zugang, der davon ausgeht, dass Designer nicht nur selbst sozial verantwortlich handeln müssen, sondern auch in der Lage sind, Transformationsprozesse im Sinne einer nachhaltigen Entwicklung mitzugestalten (vgl. Bieling et al., 2013, S. 219). Lucius Burckhardt definiert Design aus seinem soziologischen und urbanistischen Zugang heraus. Er stieß während seiner Forschung auf das Basistheorem: „Nur der kleinstmögliche Eingriff

ist gerechtfertigt" (vgl. Brock, 1985, S. 11). So definierte er Design als einen
dynamischen Prozess, der durch Inklusion, verständliche Informationsvermittlung
und praktische Hilfestellungen die Motivation und Fähigkeiten zu provokativem
Handeln erhöht. Das schließt sowohl Social Design als auch Transformationsdesign mit ein. Aber auch Kommunikationsdesign sollte in diesem Sinne wieder
als Kommunikationsmedium angesehen werden, welches Auseinandersetzungen
und Aushandlungsprozesse anregt und mitgestaltet (Zerwas, 2016, S. 263).

3.1.1 Transformationsdesign

Nachhaltigkeit wird hier als ein Zusammenspiel aus Resilienz, dem Diskurs über
zukünftige Lebensqualität sowie dem Umgang mit natürlichen und kulturellen
Ressourcen verstanden. Resilienz ist die Fähigkeit eines Systems zur Krisen-
resistenz, die unter anderem durch Diversität, Unabhängigkeit von Systemkomponenten, Anpassungsfähigkeit sowie Feedback- und Umweltsensitivität
erreicht werden kann (vgl. Pfeffer, 2014, S. 100). Laut Ezio Manzini gibt es drei
unterschiedliche Szenarien, die dem Ideal einer nachhaltigen Gesellschaft näher
kommen (Manzini, 2015, S. 191 ff.): Entweder führt gesetzliche Reglementierung
zur Nachhaltigkeit oder es kommt zur Nachhaltigkeit aus intrinsischer Motivation
heraus, welche es erfordert, dass alle Mitglieder einer Gesellschaft in der Lage
sind, die richtige Entscheidung zu treffen. Die dritte Möglichkeit wäre eine Nachhaltigkeit als natürlicher Zustand einer Gesellschaft, die im Sinne von Kants kate-
gorischem Imperativ eine Kultur voraussetzen muss, in der alle Menschen ihre
Idee von eigenem Wohlbefinden verwirklichen können, ohne das vernünftige
Interesse eines anderen und dessen Freiheit zu gefährden.

Ein von Ezio Manzini geprägtes Modell für nachhaltige Gestaltung ist
SLOC: ein Akronym für Small – Local – Open – Connected. Manzini geht
davon aus, dass Gesellschaften in einer vernetzten und dezentralisieren Welt
durch gemeinsame Ressourcennutzung, Resilienz und autarkes Verhalten ihre
Abhängigkeit von externen Versorgern verringern können. Das Modell basiert auf
der Annahme, dass der Einzelne als ein kognitives und physisches Wesen seine
kulturellen Ressourcen bündeln muss, um mit der steigenden Komplexität der
Umwelt umgehen zu können. (Brocchi, 2013, S. 74) Ein kleinerer Handlungs-
rahmen stellt eine bessere Voraussetzung für nachhaltige Entwicklung dar, weil er
die Handhabung von komplexen Systemen erleichtert und dazu beiträgt, problem-
bezogene Lösungen zu schaffen (Brocchi & Draser, 2013, S. 379).

Die Transformation zu mehr Nachhaltigkeit, globaler Gerechtigkeit und einem
guten Leben für möglichst alle ist eines der zentralen gesellschaftlichen Themen
unserer Zeit. Deshalb muss sich das Design dieser Herausforderung stellen

und durch innovative Produkte, Dienstleistungen und Systeme dazu beitragen, attraktive Alternativen zur vermeintlich alternativlosen Entwicklung aufzuzeigen. Transformationsdesign ist hierfür die Übertragung in Designpraxis. Es will neue Lösungen für Probleme anbieten, die das Design zum Teil mit erzeugt hat. Transformationsdesign greift in den Gestaltungsprozess ein, indem es den Fokus auf menschliche, soziale und kulturelle Bedürfnisse lenkt und somit einen nachhaltigen Beitrag zu einer zukunftsfähigen Gesellschaft leisten will.

Transformationsdesign ist ein Praxisbereich, der in das Denkkollektiv „Design durch ethisches Denken" fällt. Doch zunächst bedarf es einer genauen Definition dieser Designpraxis, um es mit dem Denkkollektiv in Zusammenhang zu bringen. Transformationsdesign ist die Suche nach sozialen und gestalterischen Strategien, welche den zivilen Standard erhalten sollen, ohne einen Hyperkonsum oder einen exzessiven Naturverbrauch hervorzurufen. In diesem Bereich steht die Organisation der Reduktion im Kontext moderner Gesellschaften im Mittelpunkt (Sommer & Welzer, 2017, S. 27).

Die benötigten Transformationen sind aber keine Aufgabe von Bewusstseinsbildung, sondern eine Aufgabe der Veränderung der Praxisformen (Sommer & Welzer, 2017, S. 39). Im Transformationsdesign fordert man eine „reduktive Moderne": ein Problemlösungsansatz, in dem aktuelle Problematiken nicht, wie bisher, durch stetige Aufwandserhöhung, sondern durch Reduktion bearbeitet werden (Sommer & Welzer, 2017, S. 13). Der Lösungsansatz der reduktiven Moderne geht zurück auf Burckhardts Konzept des „kleinstmöglichen Eingriffs". Da wir uns aber noch nicht in einer reduktiven Moderne befinden, will Transformationsdesigns diese mit gestalterischen Strategien herbeiführen. Transformationsprozesse werden nicht retrospektiv, sondern als Zukunftsaufgabe verstanden (Sommer & Welzer, 2017, S. 16). Es gehe vor allem um eine gesellschaftliche Umstrukturierung in Bereichen der sozialen und ökologischen Nachhaltigkeit. Da das nicht von jeder Gesellschaft einzufordern sei, merken Sommer und Welzer an, müsse sich das Transformationsdesign auf moderne, freiheitliche und demokratische Gesellschaften konzentrieren (Sommer & Welzer, 2017, S. 17). Solche Gesellschaften stehen vor anderen Entwicklungsaufgaben als beispielsweise Länder des globalen Südens. Durch komfortable Bedingungen ergebe sich in modernen Gesellschaften ein „Spielraum für Gestaltung" (ebd.), weshalb es eine Transformation in diesem Bereich in Richtung Nachhaltigkeit bedürfe. Transformationsdesign erhebt nicht den naiven Anspruch, die Welt zu retten. Es soll ein neues Terrain sein, in dem sich der Übergang von einer expansiven zu einer reduktiven Moderne ausleuchten lässt (Sommer & Welzer, 2017, S. 18).

Der Mitteleinsatz hängt zunächst von der Antwort ab, welches Ziel man erreichen möchte. Sommer und Welzer stellen immer wieder heraus, dass es im Transformationsdesign um das Stellen der richtigen Fragen geht. Konventionelles Design generiert permanent neue Antworten auf Fragen, die als solche gar nicht gestellt worden sind (Sommer & Welzer, 2017, S. 111). Das Ergebnis von Transformationsdesign muss nicht in einem konkreten Produkt enden; es kann zu einer Handlung führen oder eben dazu, sie nicht auszuführen. Ein Beispiel ist die Überlegung, wie man am besten zu einem Termin anreist. Nutzt man die Bahn, ein Flugzeug oder fährt man mit dem Auto? Handelt man nach dem Gedankengang des Transformationsdesigns, ergäbe sich zunächst die Frage, ob man den Termin überhaupt persönlich wahrnehmen müsste und womöglich gar nicht erst anreist, sondern das Treffen per Telefon oder Videokonferenz abhält. Im konventionellen Design war das Ergebnis ein Produkt und die Frage, die sich Gestalter stellen, ist, wie sie es gestalten. Im Transformationsdesign geht der Prozess der Frage nach richtigen Antworten dem Ergebnis voraus (Sommer & Welzer, 2017, S. 112). Das zielt auf die Umstrukturierung von kulturellen Praktiken wie Kommunikation, Handel, Konsum und Versorgung. Um die Veränderbarkeit dieser kulturellen Praktiken zu prüfen, muss man sich jedoch auch mit ihrer Entstehung auseinandersetzen (Sommer & Welzer, 2017, S. 113).

Sommer und Welzer sehen Transformationsdesign auch als einen Bereich der Resilienzforschung und als ein Tool, um Resilienz herbeizuführen. Es geht ihnen dabei um die Aufrechterhaltung der Widerstandsfähigkeit (Sommer & Welzer, 2017, S. 114). Im Folgenden soll der Prozessablauf im Transformationsdesign genauer beschrieben werden, um das Wesen und die Funktionsweisen, die bisher beschrieben wurden, zu verdeutlichen.

Im ersten Schritt geht es darum, demokratisch auszuhandeln, was ein gutes Leben für eine bestimmte Gesellschaft beschreibt und welche Wege es erfordert, dieses zu erlangen. Aus diesem Wissen heraus werden dann im nächsten Schritt gestalterische Folgerungen gezogen, welche dem Gestalter dabei helfen sollen, seine Frage neu zu formulieren. Ist eine Umgestaltung des Vorhandenen nötig oder bedarf es einer Reduktion des Überflüssigen? Es sollte außerdem aus einem möglichst geringen Aufwand heraus geschaffen werden und auf ein niedriges Level an Material und Energieverbrauch geachtet werden. Es geht nicht nur um Alternativen für bereits Vorhandenes, sondern um eine allgemeine Reduktion, die sich durch alle Gestaltungsphasen und Bereiche zieht. Im Mittelpunkt stehen drei transformierende Handlungsweisen: „umnutzen, nachnutzen und mitnutzen" (Sommer & Welzer, 2017, S. 116). Es geht um das Verhältnis zwischen Rohstoff und Erzeugnis und darum, wie sich dieses verändern lässt und inwiefern es verändert werden muss. Im heutigen Design sind der Herstellungsprozess und die dahinterstehenden Wertschöpfungsketten oft nicht mehr ersichtlich. Deshalb kommt Transformationsdesign eine weitere Aufgabe zu: das Sichtbarmachen dieser Eigengeschichte der Produkte (Sommer & Welzer, 2017, S. 154). Designer, die ihre Projekte nach transformativen Überlegungen ausrichten, kommt die Aufgabe zu, die Dinge, die man nicht braucht, aus der Welt zu schaffen.

Transformationsdesign wird hier also in das Denkkollektiv Design durch ethisches Denken eingeordnet, weil diese Designpraxis, anders als andere, den Fokus auf die Frage legt. Dies ermöglicht eine neue Herangehensweise an den Designprozess und ebenso eine neue Positionierung des Designers. Moralische und soziale Aspekte werden schon vor dem Beginn des Prozesses tiefreichend geklärt. Somit verändert sich die Struktur und beeinflusst den gesamten Verlauf eines Projekts bis hin zu einer radikalen Position, in welcher das Projekt verworfen wird.

3.1.2 Social Design

Werte und Systeme sind heute pluralisiert und fragmentiert; daraus ergeben sich für die Designbranche Problematiken, wie damit umzugehen ist. Designerinnen und Designer begannen sich als politische Akteure zu verstehen, die Strategien aus verschiedenen politischen Praktiken entlehnten und Positionen aus der politischen Philosophie importierten, um ihre Aktivitäten neu zu formieren. Daraus bildete sich zum einen das partizipative Design und zum anderen das Universal Design.

Im Konzept des partizipativen Designs nehmen Designer die Position von Moderatoren ein, die sich für die Absichten der Gesellschaft einsetzen und für deren Wertvorstellungen eintreten. Aufbauend auf dieses partizipative Prinzip versucht das Universal Design diese Erkenntnisse zu nutzen, um Produkte zu entwerfen, die für jeden nutzbar sind und den Bedürfnissen Aller dienen. Dies führt zu einer Idee von Social Design. Damit ist ein Design gemeint, das einen Konsens zwischen den pluralisierten, fragmentierten und heterogenen Teilen unserer Gesellschaft schafft. Schaut man diese drei Designkonzepte an, formt sich ein neues Bild vom Designer als eine Art „social engineer". Alle drei versuchen, Brücken zwischen unterschiedlichen ethischen Wertevorstellungen zu schlagen und den sozialen Zusammenhalt einer Gesellschaft zu stabilisieren. Im Design durch ethisches Handeln geht es um die Fähigkeit, gemeinnützige Veränderungen herbeizuführen und zu unterstützen. Genuines Design kann Antworten geben auf die Frage, wie man Gutes tun kann. Jedes Design ist „sozial", denn die Gestaltung unserer Dinge bewirkt nicht weniger als das Design der Gesellschaft selbst (Banz, 2016, S. 61). Ist der Begriff Social Design somit redundant oder sogar paradox?

Social Design verlangt jedoch, gutes (legitimes) Design gegen schlechtes (illegitimes) Design voneinander abzugrenzen. Die Grundlage des Social Design geht darauf zurück, dass Design sich nicht nur der Ästhetik, sondern dem Lösen von Problemen verschreibt. Victor Papanek forderte dies in seinem Werk *Design for the Real World (Papanek, 2009)*. Nach Lucius Burckhardt integrieren Designer Zusammenhänge, die man nicht sehen kann, aber die Wirkung aller Dinge ausmachen (vgl. Burckhardt, 1985). Laut Claudia Banz war es vielleicht Joseph Beuys, der mit seinem Projekt „Soziale Plastik" den komplexen Begriff des Social Design im 20. Jahrhundert entwickelt hat (Banz, 2016, S. 14). Er wollte die Menschen mit seinem Projekt zu einer Form des künstlerischen Selbst-Designs aufrufen und dadurch die Gesellschaft transformieren.

Sowohl Beuys als auch Papanek vertreten einen erweiterten Designbegriff, wenn sie davon sprechen, dass jeder Mensch ein Designer ist (Papanek, 1972). Papanek plädiert für Inklusion, soziale Gerechtigkeit und Nachhaltigkeit – Themen, die im heutigen Design aktueller denn je sind. Nach Bruno Latour ist Design einer der Begriffe, welcher das Wort „Revolution" ersetzt hat. Wenn alles designt und redesignt werden muss und wir uns selbst als Designer verstehen, sehen wir uns, laut Latour, immer weniger als Modernisierer (Latour, 2009, S. 358).

Das Konzept der nachhaltigen Entwicklung wurde von den Vereinten Nationen als das neue gesellschaftliche Leitbild definiert. So kommt es zu einer unabdingbaren und stetigen Suche nach Wegen, zu dieser Entwicklung beizutragen und diese zu fördern. Durch die fortlaufende Veränderung der Gesellschaft hat auch das Design versucht, sich und seine Wirkungsbereiche anzupassen. Das Infragestellen und Reflektieren im Designprozess und die Wirkung von Design wird zu einer viel diskutierten Thematik. Deshalb wird Social Design als Werkzeug für die dringend anstehenden gesellschaftlichen Veränderungen gesehen. Hier wird nach Lösungen gefragt und es werden Ansätze geliefert, die mögliche Lösungswege aufzeigen oder generieren. Das Fundament von Social Design ist ein dreidimensionales Verständnis von Nachhaltigkeit. Zum einen ist es die ökologische Tragfähigkeit der Arbeit, die wirtschaftliche Effizienz eines Produktes und zum anderen die soziale Gerechtigkeit. Social Design fordert eine neue Entwurfspraxis, da die Komplexität der Probleme im digitalen Zeitalter zugenommen hat. Es hat nicht nur zu mehr Integration beigetragen, sondern auch zu mehr Exklusion geführt.

Marc Rölli zufolge löst das aktuell im Trend liegende „Social Design" das ältere funktionalistische Paradigma keineswegs ab. Ihm zufolge gibt es derzeit mindestens drei verschiedene Auffassungen von Social Design. Zum einen bezeichnet der Begriff eine planungsideologische Sichtweise, Gesellschaft auf dem Reißbrett zu entwerfen. Die Aufgabe des Social Designs liegt hierbei darin der Gesellschaft eine neue Ordnung zu geben. Deshalb könnte man vom „Gesellschaftsdesign" sprechen. Ein zweites, anderes Social Design beruht auf einer emphatischen Auffassung des Sozialen und betont Begriffe wie „soziale Verantwortung". Hierbei stehen Dinge im Vordergrund, die oftmals in Bereiche der Entwicklungshilfe oder „barrierefreies Bauen" fallen. Somit sieht diese Auffassung von Social Design ihre Kompetenz im Suchen nach Lösungen und dem Ausgleichen von Ungleichheit und darin, Exkludiertes zu inkludieren. Rölli hält es für schwierig, auf einer Theorieebene geeignete normative Evaluationskriterien von gutem und schlechtem Design zu ermitteln, solange man sich in den ersten beiden Definitionsfeldern des Social Designs bewegt. Die dritte Definition setzt sich von den beiden anderen deutlich ab: Sie stellt die handlungstheoretischen Grundlagen infrage, welche immer wieder herangezogen werden, um kommerziell erfolgreiches Design zu legitimieren (Banz, 2016, S. 28 ff.). Also hinterfragt es, wie ein sozialeres Design handeln sollte und wie dessen Wirkkreise beschrieben werden können.

Können Zukünfte und soziale Wirklichkeiten nachhaltig gestaltet werden – oder handelt es sich bei den Wirkungen gestalterischer Eingriffe um mehr oder weniger zufällige Reaktionen eigensinnig evolvierender sozialer Systeme auf gut gemeinte Interventionen (vgl. Förster et al., 2018)? Tragen Designerinnen und Designer mit ihrem beruflichen Handeln zu einer besseren Gesellschaft bei? Sie beschäftigen sich immer mehr mit sozialen und nachhaltigen Problemstellungen. Doch sind sie dafür kompetent, Lösungen für die drängenden Fragen der Gegenwart zu entwickeln? Das wesentliche Merkmal von Design besteht darin, Ideen und Projekte durch visuelle Gestaltung verständlich und greifbar zu machen. Aber Designer fungieren auch als Brückenbauer zwischen unterschiedlichen Disziplinen. Das Generieren von Ideen und das breite Methodenrepertoire ermöglicht es Designern, komplexe Zusammenhänge zu durchleuchten und bestmögliche Umsetzungen für Probleme zu finden.

Projekte im Social Design benötigen oft eine hohe Toleranzbereitschaft aller beteiligten Disziplinen. Diese können Designer, Architekten, Ärzte, Städteplaner oder Entwicklungshelfer sein. Das Themenspektrum von Projekten umfasst Flucht, Krankheit, sozialen Lebensraum und andere, emotional aufgeladene Themen. Es geht letztlich um Inklusion und Förderung eines sozialen Zusammenlebens. Dadurch verändert sich aber auch die Rolle, welche Designer in diesem Fall einnehmen. Es ergeben sich neue Berufsfelder und -bilder. So wird in einem Design, welches durch ethisches Handeln entsteht und sich selbst als eine Form ethischen Handelns versteht, Wert auf partizipative Designtechniken gelegt, um die jeweiligen Adressaten in die Prozesse der Problemlösung mit einzubinden. In der Berufspraxis ist es nicht immer einfach, sich nach ethischen Grundsätzen zu richten. Ein Ansatz dafür wäre, seine eigenen ethischen Grundsätze zu definieren. Es ist wichtig, empathisch zu handeln und tief in die Themenbereiche einzutauchen. Hintergrundwissen, das durch Kooperationen und transdisziplinären Arbeiten ermöglicht wird, ist enorm wichtig. Nur auf Grundlage solcher detaillierten Informationen ist es überhaupt möglich, zielgerichtet Lösungsansätze zu gestalten. Die Ästhetik wird im Social Design oft hintangestellt, da die Funktionalität und Effektivität von Produkten und Projekten für bestimmte Gruppen von Adressaten wichtiger ist. Um Empathie zu erzeugen, muss man direkt in das Feld gehen und direkt mit den Menschen arbeiten.

3.2 Design für ethisches Denken

Design für ethisches Denken eröffnet eine zweite Gruppe von Designstrategien, die sich mit ethischen Fragen auseinandersetzt. Die Frage ist: Was kann ein „Design für ethisches Denken" tun? Wenn es im klassischen Design nicht darum geht, unser Leben durch Produkte zu verbessern, braucht es dann ein Design für ethisches Denken? Anthony Dunne und Fiona Raby haben sich ähnliche Fragen gestellt. Ihre Antworten darauf waren Critical Design, Design for Debate und Speculative Design. Design für ethisches Denken versucht alternative Wege zu finden, mit ethischen Fragestellungen umzugehen und versucht ethische Dilemmata durch visuelle Gestaltung sichtbar zu machen. Es ist ein Design, welches die Rolle eines sozialen Katalysators einnimmt.

3.2.1 Speculative Design

Wenn man heutzutage an Design denkt, dann assoziiert man es hauptsächlich mit Problemlösungen. In den letzten Jahren eröffnen sich immer neue Möglichkeiten, die Designpraxis in einen neuen Kontext zu setzen. Eine dieser Möglichkeiten ist es, Design als spekulatives Werkzeug zu verwenden, um aufzuzeigen, wie die Dinge in Zukunft sein könnten. Spekulatives Design gibt Designern die Möglichkeit, ihre Vorstellungskraft zu erweitern und neue Systeme und Prototypen für die Zukunft zu entwickeln. Diese Methode entwirft Zukunftsszenarien, die Tendenzen aus der Zukunftsforschung auf die Spitze treiben und damit greifbar und diskutierbar machen. Dieses forschungsorientierte und experimentelle Konzept ermöglicht es, Design als Mittel zur Spekulation über wünschenswerte Zukünfte zu nutzen (Abb. 2).

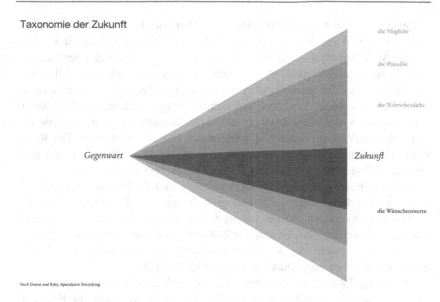

Taxonomie der Zukunft

die Mögliche

die Plausible

die Wahrscheinliche

Gegenwart   *Zukunft*

die Wünschenswerte

Nach Dunne und Raby, Speculative Everything

Abb. 2 Taxonomie der Zukunft

Die Grafik zeigt, wie die Zukunft sich in unterschiedliche Szenarien aufteilen lässt. Man unterscheidet zwischen den möglichen Zukünften, den plausiblen, den wahrscheinlichen und den gewünschten. Die spekulative Designpraxis möchte Räume für Debatten und Diskussionen öffnen. Projekte, die sich in diesem Bereich verorten lassen, sind fiktiv, bewusst vereinfacht und provokativ gestaltet. Da jegliche Designentwürfe zukunftsorientiert sind, versucht die Designspekulation über ihre Positionierung Themenbereiche wie Kultur, Literatur, bildende Kunst und Sozialwissenschaften mit einzuschließen.

In der Abbildung stellt der erste Kegel die wahrscheinlichsten Zukünfte dar. In diesem Feld bewegen sich die meisten Designer. Er beschreibt, was wahrscheinlich passieren wird, wenn es keine extremen Umbrüche gibt wie etwa eine Umweltkatastrophe oder einen Krieg. Die meisten Entwurfsmethoden und Prozesse finden sich in diesem Bereich wieder.

Der nächste Kegel beschreibt die plausiblen Zukünfte. Hier eröffnet sich ein Spielraum für zu erforschende Szenarien, die möglicherweise eintreten können (globale, wirtschaftliche und politische Veränderungen). Es geht darum, aufzuzeigen und sicherzustellen, dass es Alternativen und unterschiedliche Zukunftsperspektiven gibt.

Der dritte Kegel beschreibt das Mögliche. Hier soll die Verbindung zwischen der heutigen und der vorgeschlagenen Welt der Szenarien hergestellt werden. Jegliche Veränderungen – egal ob politisch, sozial, wirtschaftlich oder kulturell – sind heute nicht unmöglich, aber es kann schwierig sein, sich vorzustellen, wie von hier nach dort zu kommen ist. Die entwickelten Szenarien müssen wissenschaftlich möglich sein. Erst dann lässt sich ein Weg entwickeln, um die Zukunft, in welcher das Szenario spielt, zu erreichen. Der Betrachter soll das Szenario mit seiner eigenen Welt in Verbindung bringen und kritisch reflektieren. Die Rolle, welchen die dem Gestalter hierbei zufallen könnte, ist es, die Szenarien oder auch das Unmögliche nicht zu verhindern, sondern als akzeptabel zu gestalten.

Der letzte Kegel schneidet das Wahrscheinliche und das Plausible heraus.

Er markiert den Bereich der bevorzugten Zukunft. Natürlich ist die Idee des Vorzugs nicht so einfach. Wissen wir denn, was Vorzug bedeutet? Oder für wen? Und wer entscheidet? Derzeit wird die Zukunft von Regierungen und Industrien bestimmt, und obwohl alle Menschen eine Rolle als Verbraucher und Wähler spielen, ist diese begrenzt (Dunne & Raby, 2013, S. 3 ff.).

Aus der Grafik folgt die Annahme, dass es möglich ist, sozial konstruktivere, imaginäre Zukunftsperspektiven zu schaffen. Daraufhin stellt sich die Frage, ob Design Menschen helfen kann, sich als aktive Bürger und Konsumenten daran zu beteiligen – und wenn ja, wie. Im Speculative Design geht es nicht nur darum, Zukünfte vorherzusagen. Durch Design lassen sich Wissenslücken schließen und mögliche Wege und Schritte aufzeigen, wie Menschen durch ihr Verhalten etwas verändern können. Ein fiktives Beispiel wäre hier eine Wasserflasche aus Glas, welche durch Informationen auf dem Etikett über die Verschmutzung der Meere aufklärt. Radikaler wäre eine Plastikflasche, die dafür wirbt, sie nicht mehr zu kaufen, um etwas gegen das Plastikproblem in den Ozeanen zu tun.

Gleichzeitig soll herausgefunden werden, welche Zukunft eine bevorzugte für alle wäre und ein Zeitraum definiert werden, in der sie stattfinden sollte und könnte (Dunne & Raby, 2013, S. 6).

Speculative Design dient als Katalysator für eine öffentliche Debatte und Diskussion über die Art der Zukunft, die wir wollen. Der Designer alleine soll aber keine Zukunftspläne für alle anderen definieren, sondern mit Experten zusammenarbeiten, – Ethikern, Politikwissenschaftlern und Ökonomen –, um Zukunftsperspektiven zu schaffen, welche die Gesellschaft einfordert.

Die Imaginationen, welche als Methode im Design für ethisches Denken dienen, fließen frei und geben den gewonnenen Erkenntnissen einen materiellen Ausdruck. Sie tragen dazu bei, jene Vorstellungen in Alltagssituationen zu verankern und schaffen eine Plattform für die Entwicklung von neuen kollaborativen sozialen Spekulationen (Abb. 3).

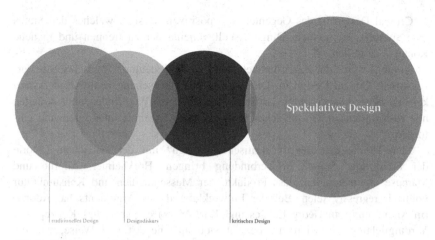

Abb. 3 Designstrategien

3.2.2 Critical Design

„Kritisieren" kommt aus dem Griechischen; die ursprüngliche Bedeutung war „unterscheiden" und „mit Gründen entscheiden". Um Unterschiede sichtbar zu machen, ist es sinnvoll, sich visueller Gestaltung zu bedienen. Kritische Praktiken und Entwurfspraktiken sind Jahrhunderte alt. Wie ein Blick in die Designgeschichte deutlich macht, haben Design und Kritik oft Seite an Seite funktioniert. Im Critical Design geht es allerdings nicht darum, dass Design eine neue und eigene „Kultur von Kritik" entwickeln soll. Durch die Art und Weise der Gestaltung eines Objekts oder Produkts kann der Designer die Intensität und Wirkung einer Kritik in seiner Arbeit beeinflussen.

Seit den 1990er-Jahren setzte man sich unter dem Label „Critical Design" mit dem Potenzial neuer Technologien und aufkommenden Zukunftsfragen auseinander. Ziel war es, neue Diskussionen anzustoßen. Sobald wir akzeptieren, dass konzeptionelles Design mehr als eine Stilvariante ist, eröffnen sich viele Möglichkeiten – sozial engagiertes Design zur Bewusstseinsbildung, Kritik, Inspiration, Reflexion, ästhetische Erkundungen und die bereits beschriebenen Spekulationen über eine mögliche Zukunft. So ergibt sich eine neue Anwendung für konzeptionelle Gestaltung als Form der Kritik im Design. Dunne und Raby sind der Ansicht, dass der Raum, in dem sich konventionelles Design befindet, einem Zweck dienen sollte (Dunne & Raby, 2013, S. 34). Sie fordern vom Design einen sozialen Nutzen ein und hinterfragen gleichzeitig die Art und Weise, wie Technologien in unser Leben gelangen.

Critical Design ist das Gegenteil von positivem Design, welches den Status Quo abbildet. Es versucht Dinge visuell voneinander zu trennen und in neue Kontexte zu stellen.

Anfangs wurde der Begrifflichkeit keine große Bedeutung zugeschrieben, derzeit erhält Critical Design im Diskurs der Designforschung neue Aufmerksamkeit. Designer können durch kritisches Design einen Weg finden, ihre Arbeiten neu zu verorten und so ethisches Denken in ihr Ergebnis integrieren und einfordern.

Man könnte den Begriff „kritisches Design" mit der kritischen Theorie der Frankfurter Schule in Verbindung bringen. Horkheimer, Adorno und Marcuse argumentierten, dass Produkte der Massenmedien und Konsumkultur politisch regressiv seien. Bei der Entwicklung dieses Arguments hat Adorno (in Anknüpfung an Georg Lukács und Karl Marx) ein kritisches Konzept der Verdinglichung formuliert: Es bezieht sich auf die Art und Weise, wie die gesellschaftliche Produktion von Waren im industriellen Kapitalismus die menschliche Arbeitskraft zur quantitativen Grundlage des Tauschs von Äquivalenten macht, dabei aber den Produktionsprozess so organisiert, dass der Tausch als Folge naturgegebener Eigenschaften der getauschten Waren erscheint. Das hat zur Folge, dass die gesellschaftlichen Beziehungen der Menschen natürlich und alternativlos erscheinen. Die Hoffnung war, dass, wenn die Kritik solche Operationen aufdecken und in unser kollektives Bewusstsein bringen könnte, wir besser in der Lage sein könnten, Ideologie und Verdinglichung zu widerstehen und stattdessen auf eine gerechtere Gesellschaft hinzuarbeiten (Bardzell & Bardzell, 2013, S. 1).

Obwohl Dunne und Raby in einem Interview sich mit ihrer Idee von kritischem Design von der Frankfurter Schule distanzieren, hat ihre Formulierung eine Affinität dazu. In ihrem kritischen Denken geht es darum, skeptisch zu sein und das Design zu hinterfragen (Dunne & Raby, 2013, S. 35). Kritisches Design ist sozusagen kritisches Denken, das in eine Materialität übertragen wird. Es geht darum, durch Design reflektiertes Denken anzuregen. Also findet sich das Design für ethisches Denken in der Grundstruktur von kritischem Design wieder. Die Themenbereiche können je nach Methode des Denkkollektives variieren. Aber auf der grundlegendsten Ebene geht es darum, die zugrunde liegenden Annahmen zunächst infrage zu stellen. Das Design richtet sich dadurch weit über seine Grenzen hinaus an Sozialtheorie, Politik und Ideologie. Es geht aber, wie bereits angemerkt, nicht darum, nur auf Mängel und Einschränkungen in unserer Gesellschaft hinzuweisen, sondern Angebote für mögliche Alternativen sichtbar zu machen. So sollen Ideen skizziert werden, die diese Mängel auf die ein oder andere Weise beheben könnten.

Es ist die Kluft zwischen der Realität, wie wir sie kennen und die unterschiedliche Vorstellung von Realität, auf die im kritischen Designvorschlag Bezug genommen wird. Doch wie wird der Erfolg von Critical Design gemessen? Im konventionellen Design erfolgt die Evaluation anhand von Verkaufszahlen eines Produktes oder der Bewertung, wie gut die Konflikte zwischen Ästhetik, Funktionalität und Produktion gelöst worden sind. Aber worin liegen die Stärken von Critical Design? Ist es die Subtilität, die Originalität des Themas oder die Fähigkeit, Menschen zum Denken zu bringen? Die Frage ist, ob es überhaupt messbar sein kann und sollte. Ein kritisches Design sollte anspruchsvoll und herausfordernd sein und nicht durch Parameter messbar gemacht werden. So entsteht Varianz in der Art der Themen und Projekte, die Vergleichen und Messen schwer macht. Dunne und Raby sind der Meinung, dass die Entwürfe immer die vorherrschenden Werte und die ihnen zugrunde liegenden Annahmen infrage stellen sollten und dass diese Aktivität neben dem Mainstream-Design stattfinden kann, anstatt es zu ersetzen (Dunne & Raby, 2013, S. 44).

3.3   Design über ethisches Denken

Im Denkkollektiv Design über ethisches Denken betrachtet man die Prozesse von ethischem Denken aus einer anthropologischen, psychologischen und philosophischen Perspektive. Es ist eine Form von Designtheorie, die metaethische, kritische und spekulative Fragen untersucht und kommuniziert. Doch was gestaltet ein Design über ethisches Denken? Die Metaethik sucht nach den Prinzipien für ethisches Denken und die sprachlichen Ausdrucksstrukturen und -formen ethischer Aussagen. Ein Design über ethisches Denken versucht, diese durch die Praxis diskutierbarer zu machen. Es entwickelt Möglichkeiten, metaethische Fragen zu stellen und zu kommunizieren. Außerdem untersucht es die kognitiven, psychologischen und ästhetischen Prozesse, die es uns ermöglichen, uns eine noch nicht-existierende Welt vorzustellen. Es fragt, wie moderne Gesellschaften ständig ethische Wertevorstellungen erschaffen, verarbeiten, ablehnen, transformieren und wie diese ethischen Aktivitäten unsere Gesellschaft bedingen, strukturieren aber auch begrenzen.

3.3.1 Metaethisches Design

Die Metaethik entstand zu Beginn des 20. Jahrhunderts. Neben der normativen und der deskriptiven Ethik hat sie sich als eigenständige Disziplin herausgebildet. Ihr Ziel ist es, die begrifflichen Grundlagen für die wissenschaftliche Auseinandersetzung mit der Moral zu definieren und bereitzustellen. Metaethik bildet

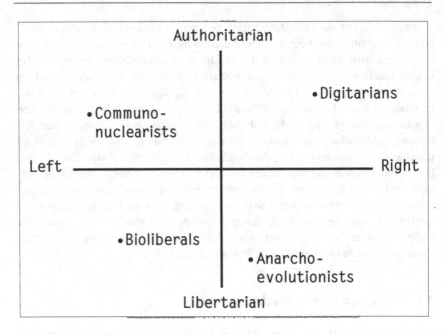

Abb. 4 Political Chart

sozusagen die Grundlage für die normative und deskriptive Ethik und ermöglicht
dadurch den Zugang zur Moral (Horster, 2012, S. 23–43). Metaethisches Design
ermöglicht es, in einem abstrakten Rahmen, kritische Fragen diskutierbar und
sichtbar zu machen und den Diskurs für die Gesellschaft zu öffnen.

Ein Projekt, welches eine metaethische Frage stellt und diskutiert, ist
das Projekt United Micro Kingdoms von Dunne u. Raby aus den Jahren
2012/2013. Das Vereinigte Mikrokönigreich ist in vier Superreiche unterteilt,
die von Digitariern, Bioliberalen, Anarcho-Evolutionisten und Kommuno-
Nuklearmedizinern bewohnt werden. Jede Grafschaft ist eine experimentelle
Zone, die frei ist und ihre eigene Form von Wirtschaft entwickelt. Dazu gehören
die unterschiedlichen Bereiche: Neoliberalismus und Digitaltechnik, Sozialdemo-
kratie und Biotechnologie, Anarchie und Selbstversuche sowie Kommunismus
und Kernenergie.

Das United Micro Kingdoms ist ein dereguliertes und begehbares Labor für
konkurrierende soziale, ideologische, technologische und wirtschaftliche Modelle
(Abb. 4).

Die Übersicht dient der Verdeutlichung der unterschiedlichen Bereiche und deren politische Verortung. In diesem Labor geben Miniaturmodelle und Illustrationen, Einblicke in ein alternatives Modell von Großbritannien, das in vier unabhängige Regionen mit unterschiedlichen Gesellschaftssystemen und Lebensstilen aufgeteilt wird. Diese von gängigen Vorstellungen befreiten Laboratorien hinterfragen nicht nur die kulturelle und ethische Auswirkung vorhandener und neuer Technologien, sondern auch, wie diese unsere Lebensweise verändern.

Das Projekt ermöglicht es, metaethische Fragen im Laborkontext zu bearbeiten und diese nach außen zu kommunizieren. Es ermöglicht den Besuchern, sich die Ausstellung durch kognitive Gestaltungsprozesse, diese fiktive Welt vorzustellen. Es verdeutlicht die Komplexität, die durch unterschiedliche ethische Wertevorstellungen in der Gesellschaft existiert, und erlaubt durch den spielerischen Charakter eine Auseinandersetzung damit auf einer neuen Ebene. Dieses Projekt stellt durch das Konzept „Labor" Fragen an die Besucher und will sie möglichst im gemeinsamen Diskurs mit ihnen erörtern.

Ein weiteres Projekt, das für metaethisches Design als Beispiel dienen kann, ist der Ethiculator von Dunne und Raby aus dem Jahr 2014/2015, welcher im Kontext des United Micro Kingdoms entstanden ist. Dieses Tool soll helfen, unterschiedliche ethische Ansichten zu kommunizieren und zu verhandeln. Dadurch entsteht eine Art Rechner zur Lösung alltäglicher ethischer Dilemmata (Abb. 5).

Dieses Experiment, das durch eine ästhetische Untersuchung versucht, Antworten auf die metaethische Frage von alltäglichen Dilemmata zu finden, beschreibt den Prozess von einem Diskurs über unterschiedliche Wertevorstellungen aus der philosophischen und soziologischen Sicht durch eine ästhetische Praxis. Anders als im ersten Beispiel wird hier eher der Prozess veranschaulicht. So zeigen sich die unterschiedlichen Möglichkeiten, ethisches Denken in Zusammenhang mit Design zu bringen.

4 Design durch, für und über ethisches Denken – ein Evaluationstool für Designer

Es ist durchaus möglich, einzelne ethische Thesen in eine angewandte Designpraxis zu übersetzen, jedoch ist es nicht immer einfach, diese im Berufsalltag zu integrieren. Aber im Laufe der letzten Jahre haben sich immer mehr Designdisziplinen mit dem Thema Moral auseinandergesetzt – ganz gleich, ob es um eine durch Designer herbeigeführte Moral in der Gesellschaft geht oder den Ver-

Abb. 5 Ethiculator (http://dunneandraby.co.uk/content/projects/772/0)

such, die Thematik der Ethik durch Design zu vermitteln. Parallel dazu haben sich neue Mikrodisziplinen herausgebildet, die sich der Aufgabe verschreiben, mehr Verantwortung und Reflexion in die Berufspraxis zu bringen. Sie lassen sich, wie gezeigt wurde, in Kategorien unterteilen, die sich zu neuartigen Denkkollektiven herausbilden. Sie verfolgen auf ihre Weise neue Denkansätze und wandeln diese in eine Praxis um.

Um eine Relevanz der vorangehenden Kapitel zu demonstrieren und ihre inhaltliche Positionierung zu verdeutlichen, soll nun die praktische Umsetzung eines Evaluationstools für Designer vorgestellt werden.

Designer können durch kapazitätsbildende Maßnahmen wie Toolkits sowohl selbst aktiv werden und fehlende soziale Innovationen anstoßen als auch bereits bestehende Initiativen unterstützen, sofern sie ihnen dabei helfen, zugänglicher und skalierbarer zu werden. Ein interdisziplinärer Dialog ist deshalb unumgänglich. Kommunikationsdesign vermag drei unterschiedliche Prozesse wirkungsvoll nach außen zu transportieren – bzw. die Fähigkeiten von Menschen zu steigern –, indem es, unter Berücksichtigung von Logik, Ästhetik und Ethik, Wissen verbreitet und implementiert:

Durch Kommunikation können zum Beispiel Handlungsmöglichkeiten und die Konsequenzen von Entscheidungen aufgezeigt werden, das entspricht der Logik. Indem man einen Bezug zum Leben der Menschen herstellt, kann man Motivationen schaffen. Um die Attraktivität der entsprechenden Lösung zu erhöhen, benötigt es die Ästhetik – eine ansprechende Gestaltung (Manzini, 2015, S. 171).

Im Kontext von visueller Kommunikation im Alltag haben Toolkits das Potenzial, unsere Handlungskompetenzen zu erweitern. Sie helfen im Idealfall Menschen dabei, ihre eigenen Fähigkeiten einzusetzen, um Herausforderungen zu bewältigen.

Es gibt unterschiedliche Ansätze von Toolkits. Am Gemeinwohl orientierte Toolkits können zum Beispiel dabei helfen, eine allgemeingültige Idee oder bestimmte Werte in einen gruppenspezifischen Kontext zu übertragen (Manzini, 2015, S. 182 f.). Es sind aber immer auch Hilfsmittel notwendig, um es auch für Laien verständlich und unmittelbar anwendbar zu machen. Bereits bestehende Toolkits können vielfältig eingesetzt werden; die Bandbreite reicht von der Hilfe bei der Organisation von Events bis hin zu Do-it-yourself-Anleitungen. Trotz vielfältiger Anwendungsgebiete und Möglichkeiten sind Probleme bei der Handhabung nicht ausgeschlossen. Um eine richtige Nutzung zu gewährleisten und fehlendes Wissen zu ergänzen, besteht das hier vorgestellte Toolkit aus mehreren Einzelteilen, die sich ergänzen (Abb. 6).

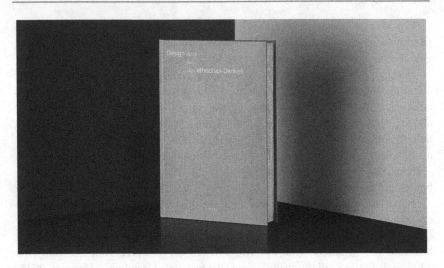

Abb. 6 Evaluationstool

4.1   Konzept

Der erste Teil des Evaluationstools ist ein Buch mit dem Titel Design durch, für und über ethisches Denken, das als eine Art Nachschlagewerk für Designer dienen soll. Thematisch eröffnet es die Felder der Philosophie und des Designs und versucht zunächst in mehreren Kapiteln, Grundbausteine aus diesen Themenfeldern zu vermitteln. Um auf diesem Wissen aufzubauen, folgen drei weitere Kapitel, die auf die Dreiteilung im Titel Bezug nehmen. Nach einem kurzen Einstieg in die Bereiche Philosophie und Design werden in den drei Hauptkapiteln die drei Bereiche vorgestellt: Design durch, für und über ethisches Denken. Das Medium Buch wurde gewählt, da es nach wie vor ein angenehmes Format ist, um sich in eine Thematik einzuarbeiten – auch im Internet-Zeitalter bietet es eine gefasste Form der Inhalte.

Der Nutzer kann Inhalte nachschlagen, und die verschiedenen Karten des Toolkits können als thematische Erweiterung additiv verwendet werden.

Die Kapitel sind identisch aufgebaut. Es gibt Elemente, die sich stets wiederholen und die verschiedenen Ansätze aus den Kapiteln vergleichbarer machen sollen. Die Farbgebung der Kapitel ermöglicht eine Orientierungshilfe und soll wegweisend für die Nutzung der einzelnen Elemente des Tools sein.

In den ersten beiden Kapiteln gibt es Einleitungsseiten und Inhaltsseiten, in denen verschiedene Definitionen, Positionen und zeitgeschichtliche Inhalte vermittelt werden.

Die Einleitungsseiten der drei Hauptkapitel sind ebenfalls identisch aufgebaut. Es gibt ein kurzes Vorwort und ein Inhaltsverzeichnis für die folgenden Unterkapitel. Das soll dem Leser eine erste Einsicht ermöglichen und ein gezieltes Suchen und Finden von bestimmten Inhalten unterstützen.

Farbige Doppelseiten dienen zur Einleitung von Unterkapiteln oder Themenschwerpunkten. Außerdem können hier Fragen gestellt oder Kurzdefinitionen vorgestellt werden. Unterschiedliche Grafiken sollen die Thesen und Inhalte visuell verdeutlichen und unterstützen. Sie sind simpel gehalten, um Prozesse einfacher nachvollziehbar zu machen.

Der zweite Teil des Evaluationskits ist das Toolkit. Seine Gestaltung ist an die des Buches angepasst. Da es mit dem Buch in Verbindung angewendet werden soll, haben einige Designelemente eine Verwendung in beiden Medien gefunden. Farblich grenzen sich die einzelnen Mappen ebenso ab wie die Kapitel im Buch. Die Darstellungen der drei Denkkollektive finden sich in grün, blau und beige wieder. Jede Mappe ist mit Info-Sheets ausgestattet, die vier verschiedenen Kategorien aufweisen: Essenz, Konzept, Funktion und Form.

4.2   Funktionsweisen und Anwendung

Das Toolkit soll seinen Anwendungsbereich sowohl im Agenturalltag als auch in der Lehre finden. Einzelne Designer und auch ganze Teams können sowohl bestehende als auch neue Projekte evaluieren. Die Nutzer können zunächst alle vier Mappen nutzen. Jede Mappe ist mit einem Vermerk über das jeweilige Denkkollektiv ausgestattet. Die Funktionsweise lässt sich in folgenden Schritten erklären: Zunächst kann der Nutzer (Designer) sich über alle drei Mappen durch die Kurzanleitungen informieren. Da die Mappen alle in die gleichen vier Kategorien unterteilt sind, erschließt sich die Funktionsweise schnell. Drei Mappen beinhalten jewels ein Denkkollektiv. Die vierte ist für den Nutzer als persönliches Toolkit gedacht. Hier soll er seine favorisierten Methoden und Inhalte zusammenfügen. So kann er die vierte Mappe während des Designprozesses immer wieder zu Hand nehmen.

Zusätzlich sind die Mappen inhaltlich in Kapitel unterteilt. Im Kapitel „Essenz" geht es darum, für den Nutzer nochmals das Denkkollektiv zu definieren. Es dient als Erweiterung zu den Einleitungskapiteln. Im Bereich Konzept werden unterschiedliche Konzepte vorgestellt. Die Kategorie Funktion teilt dem Nutzer mit, wie er die Ansätze aus den Konzepten durch unterschiedliche Methoden umsetzen kann. Der Bereich Form dient als Inspirationsraum. Hier werden dem Nutzer immer aktuelle Projekte aus den unterschiedlichen Bereichen vorgestellt.

Das Toolkit ist so aufgebaut, dass jederzeit neue Inhalte hinzugefügt werden können: eine endlos erweiterbare Sammlung.

5   Fazit

Da eine Ethik, die im Design anwendbar sein soll, realistisch sein muss, stellt sich die Frage, ob ein Ethik-Regel-Handbuch der angemessene Umgang mit dieser Thematik ist. Für jeden Designer besteht die Notwendigkeit eines individuellen moralischen Entscheidungsfreiraums. In diesem Fall stehen sich die situationsspezifischen Gegebenheiten und Abhängigkeiten gegenüber. Die formalen Aspekte gestalterischen Handelns müssen von jedem selbst, je nach

Abb. 7 Evaluationstool, Innenansicht

Inhalt und Zweck einer Aufgabe, beurteilt werden. Eine situationsspezifische Orientierungshilfe für moralische Entscheidungen im Design soll dabei helfen. Das Evaluationstool aus Buch und Toolkit soll dem Designer zum einen ethische Theorien im Allgemeinen näherbringen und zum anderen aufzeigen, wie er diese eigenverantwortlich herausfiltern und in seinem Arbeitsprozess implementieren kann. So ergeben sich Möglichkeiten einer angewandten Ethik im Design, welche auf fortlaufende Ergänzungen angewiesen sind. Ein Anstoß ist gemacht; nun liegt es an den Gestaltern, sich und die Berufspraxis stets neu auszuloten und selbstreflektiertes Arbeiten in ihre tägliche Arbeitspraxis zu integrieren (Abb. 7).

Literatur

Banz, C. (2016). *Social Design Gestalten für die Transformation der Gesellschaft*. Bielefeld: Transcript.

Bardzell, J., & Bardzell, S. (2013). What is critical about critical design. CHI 2013. https://dl.acm.org/doi/pdf/10.1145/2470654.2466451. Zugegriffen: 29. Juli 2021.

Bieling, T., Sametinger, F., & Joost, G. (2013). Die soziale Dimension des Designs. In K.-S. Fuhs, D. Brocchi, M. Maxein, & B. Draser (Hrsg., 2013), *Die Geschichte des Nachhaltigen Designs. Welche Haltung braucht Gestaltung?* (S. 218–229). Bad Homburg: VAS.

Brocchi, D., et al. (2013). Das (nicht) Nachhaltige Design. In K.-S. Fuhs (Hrsg.), *Die Geschichte des Nachhaltigen Designs. Welche Haltung braucht Gestaltung?* (S. 54–97). Bad Homburg: VAS.

Brocchi, D., & Draser, B., et al. (2013). Ausblick und Widerstreit: Die Zukunft des Nachhaltigen Designs. In K.-S. Fuhs (Hrsg.), *Die Geschichte des Nachhaltigen Designs. Welche Haltung braucht Gestaltung?* (S. 366 ff.). VAS.

Brock, B. (1985). Vorwort des Herausgebers. In L. Burckhardt (Hrsg.), *Die Kinder fressen ihre Revolutionen. Wohnen – Planen – Bauen – Grünen*, hg. v. B. Brock (S. 9). Köln: DuMont.

Brock, B. (2013). Objektwelt und die Möglichkeit subjektiven Lebens. Begriff und Konzept des Sozio-Designs. In F. von Borries & J. Fezer (Hrsg.), *Weil Design die Welt verändert … Texte zur Gestaltung* (S. 74–87). Berlin: gestalten.

Burckhardt, L. (1985). *Die Kinder fressen ihre Revolutionen. Wohnen – Planen – Bauen – Grünen*, hrsg. v. B. Brock. DuMont.

Dunne, A., & Raby, F. (2013). *Speculative Everything. Design, Fiction, and Social Dreaming*. Massachusetts Institute of Technology.

Förster, M., Herbert, S., Hofmann, M., & Jonas, W. (2018). *Uncertain Futures – Die Rolle des Designs in gesellschaftlichen Transformationsprozessen*. Bielefeld: Transcript.

Foucault, M. (1978). *Dispositive der Macht. Über Sexualität, Wissen und Wahrheit*. Merve.

Horster, D. (2012). Einleitung. In D. Horster (Hrsg.), *Texte zur Ethik* (S. 11–72). Stuttgart: Reclam.

Latour, B. (2009). Ein vorsichtiger Prometheus? In K. Hemelsoet, M. Jongen, & S. van Tuinen (Hrsg.), *Die Vermessung des Ungeheuren. Philosophie nach Peter Sloterdijk* (S. 356–373). Paderborn: Fink.

Manzini, E. (2015). *Design, when everybody designs. An introduction to design for social innovation.* Cambridge/London: MIT Press.

Michelsen, G. (2007). Nachhaltigkeitskommunikation: Verständnis – Entwicklung – Perspektiven. In G. Michelsen & J. Godemann (Hrsg.), *Handbuch Nachhaltigkeitskommunikation. Grundlagen und Praxis* (S. 25–41). München: Oekom.

Papanek, V. (1972). *Das Papanek Konzept. Design für eine Umwelt des Überlebens.* München: Nymphenburger.

Papanek, V. (2009). *Design für die reale Welt. Anleitung für eine humane Ökologie und sozialen Wandel.* Wien: Springer.

Pfeffer, F. (2014). *To Do. Die neue Rolle der Gestaltung in einer veränderten Welt. Strategien, Werkzeuge, Geschäftsmodelle.* Meinz: Hermann Schmidt.

Romero-Tejedor, F. (2007). *Der denkende Designer. Von der Ästhetik zu Kognition – Ein Paradigmenwechsel.* Hildesheim: Olms.

Schweppenhäuser, G., & Bauer, C. (2017). *Ethik im Kommunikationsdesign. Verständigung, Verantwortung und Orientierung als Kriterien visueller Gestaltung.* Würzburg: Königshausen & Neumann.

Selle, G. (1973). *Ideologie und Utopie des Designs.* Köln: DuMont.

Sommer, B., & Welzer, H. (2017). *Transformationsdesign: Wege in eine zukunftsfähige Moderne.* München: oekom.

Stephan, P. F. (2016). Designing, matters of concern (Latour): A future design challenge. In W. Jonas, S. Zerwas, & K. von Anshelm (Hrsg.), *Transformation design. Perspectives on a new design attitude* (S. 202–226). Basel: Birkhäuser.

von Borries, F., & Fezer, J. (Hrsg.). (2013). *Weil Design die Welt verändert... Texte zur Gestaltung.* Berlin: gestalten.

Zerwas, S. (2016). Transformation design as „Hero's Journey". In W. Jonas, S. Zerwas, & K. von Anshelm (Hrsg.), *Transformation design. Perpectives on a new design attitude* (S. 263–276). Basel: Birkhäuser.

Online-Quellen

European Commission: Design for innovation. http://ec.europa.eu/growth/industry/innovation/policy/design. Zugegriffen: 3. Mai 2019.

Teed Rockwell: Neither brain nor ghost. A non-dualist alternative to the mind-brain identity theory. http://www.cognitivequestions.org/contents.htm. Zugegriffen: 5. April 2019.

Buckminster Fuller Institut: World game. https://www.bfi.org/about-fuller/big-ideas/world-game. Zugegrifffen: 30. Juni 2019.

Wiedermann, A.: Dorsch, Lexikon der Psychologie. Definition: Intentions-Verhaltens-Lücke. https://dorsch.hogrefe.com/stichwort/intentions-verhaltens-luecke. Zugegriffen: 27. Mai 2021.

Luisa Wolf, M.A. Informationsdesign, B.A. Kommunikationsdesign, ist Informationsdesignerin in einem Designbüro in Hamburg. Sie arbeitet im Bereich Branding und digitale Medien mit dem Schwerpunkt UI/UX-Design und war Teilnehmerin der Ausschreibung Creative Ports, des *European Regional Development Funds* und der *Kreativ Gesellschaft Hamburg*. Ausstellungsbeteiligungen: *Ziel Zukunft – Basel Biennale* (Basel, Schweiz, 2019).

Dialektisches Denken und Design

Daniel Martin Feige

Die folgende Skizze gilt einer Perspektive auf Designgegenstände und -praktiken, die im Kontext der aktuellen Debatten tendenziell ebenso anachronistisch wie irritierend anmuten mag. Der Mainstream der jüngeren Designdebatten ist stark von der Designforschung und von Spielarten der Designtheorie geprägt, die die Besonderheit des Designs zugleich im Sinne einer positiven Wertschätzung des Designs begreifen (und diese Besonderheit entweder voraussetzen oder aber Design letztlich als neues Paradigma anderer vormals separater Bereiche wie der Kunst verstehen; so als sei Unterscheiden qua Unterscheiden bereits Ungerechtigkeit). Nicht selten finden sich hier Beiträge, die tatsächlich weniger wissenschaftlichen Ansprüchen genügen, als vielmehr implizit oder explizit eine Form von „Pitches" für das Design betreiben. Wenn Claudia Banz (2016, S. 20) schreibt, dass „[d]esign thinking […] inzwischen als einer der Schlüssel zum Erfolg bei der Lösung der anstehenden sozialen und ökologischen Probleme" gilt oder Claudia Mareis (2010, S. 14) behauptet, dass es weniger darum gehen solle, „Design als eine wissenschaftliche Praxis oder Disziplin fassbar zu machen, [sondern] umgekehrt wissenschaftliche Praxis als eine Designtätigkeit erkannt

D. M. Feige (✉)
Staatliche Akademie der Bildenden Künste Stuttgart, Stuttgart, Deutschland
E-Mail: daniel.feige@abk-stuttgart.de

117
G. Schweppenhäuser et al. (Hrsg.), *Ambivalenzen der Optimierung,* Würzburger Beiträge zur Designforschung, https://doi.org/10.1007/978-3-658-36165-5_6

werden soll", so gilt:[1] Die in diesen Beschreibungen anzutreffende positive Universalisierung der Relevanz von Design ist mit Vorsicht zu genießen. Das mit der Tradition des Designs besonders prägnant verbundene Motiv des Machens, des Praktisch-Werdens ästhetischer Prinzipien und des Bespielens funktionaler Anforderungen setzt sich in diesen Diskursen fort, wie stark sie auch immer gegen den Funktionsbegriff selbst gerichtet sein mögen. Gerade in diesem klarerweise praktischen Charakter des Designs steckt aber, anders als weite Teile der Designforschung und Designtheorie meinen, nicht allein eine genuin positive Möglichkeit der Veränderung gesellschaftlicher Verhältnisse und sozialer Interaktionen (oder gar ein neues Paradigma des Wissens oder des Hervorbringens), sondern auch die Gefahr ihrer weitergehenden Verdinglichung. Denn gerade die Praktiken des partizipativen Designs und des Social Designs, so weiterführend sie als Kritik eines herkömmlichen Designverständnisses auch sein mögen, muten in den entsprechenden Diskursen nicht allein oft an, als seien sie in der Sprache des Managements oder im Geiste einer naiven (oder manchmal nicht so naiven) sozialromantischen Utopie verfasst. Vielmehr befördern sie häufig Praktiken, die nur scheinemanzipatorisch sind: Wenn, wie Claudia Banz (2016, S. 15) richtig festhält, gilt, dass „aktivistisches oder soziales Design […] die Defizite des politischen Engagements zu füllen [versucht und] in die Lücken zu treten [versucht], die der Staat oder die Regierung beim stetigen Rückzug aus der sozialen Verantwortung für die Gesellschaft, für die Bürger hinterlässt", so sollte das nicht als Lob des Designs verstanden werden. Vielmehr muss es als Hinweis darauf verstanden werden, dass Design oft etwas anderes und gerade Gegenteiliges mit Blick auf das verwirklicht, was seine Akteure zu verwirklichen glauben. Der herkömmliche Ausdruck dafür ist Ideologie und gerade viele Formen partizipativen Designs und „politisch" engagierten Designs sind dahingehend in markanter Weise ideologisch (wie die eng auf sie bezogene Theoriebildung, die oft auch von Praktiker*innen betrieben wird), dass sie die Probleme, die sie eigentlich bekämpfen möchten, dadurch reproduzieren, dass sie gewissermaßen auf die Seitenlinie ausweichen und die strukturellen Ursachen von Ungleichheit und Ausbeutung gar nicht adressieren.

Gegenüber emanzipatorischen Verständnissen des Designs und damit dem Gedanken, dass Design an einem ‚Guten‘ mitarbeitet, das nicht allein instrumentell zu deuten ist, hat Vilém Flusser in seinem Buch *Vom Stand der*

---

[1] Eine heterodoxe Verteidigung des Vorrangs des Designens hat Bruno Latour (2009) formuliert.

Dinge schon früh die alternative These vertreten. Er schreibt dort: „Vom Standpunkt der reinen Güte ist nur ein gradueller Unterschied zwischen dem eleganten und gebraucherfreundlichen Design eines Stuhls und einer Rakete: In beiden lauert der Teufel." (Flusser, 1993, S. 38 f.). Flussers zweifelsohne polemisch zugespitzt formulierter Gedanke lautet wie folgt: Design hat es grundsätzlich mit einer instrumentellen Logik zu tun; es ist allein mit den Mitteln, aber nicht den Zwecken beschäftigt. Deswegen hilft es auch überhaupt nichts, wenn Designer*innen sich persönlich entschließen, bestimmte, offensichtlich politisch oder moralisch problematische Designaufträge abzulehnen oder meinen, als Personen integer zu sein: Flussers Auffassung nach kann nichts, was sie qua Designtätigkeit tun können, als Arbeit an einem ‚reinen Guten' verstanden werden, sondern sie drückt nur die Logik eines ‚instrumentell Guten' aus.

Dass wir den Unterschied zwischen reiner und instrumenteller Güte bzw. zwischen Mittel und Zweck machen müssen, lässt sich leicht ersehen: Wenn ich über die Straße gehe, um einkaufen zu gehen, so gehe ich unter dieser Beschreibung nicht über die Straße, weil ich gerne über Straßen gehe. Vielmehr ist mein Über-die-Straße-gehen ein Mittel zur Realisierung des Zwecks, einkaufen zu gehen; es hat allein insofern einen Sinn und einen Wert, als es der Realisierung dieses Zwecks dient. Präziser müsste man eine solche handlungstheoretische Umformulierung von Flussers Argument natürlich wie folgt fassen: Mein Gehen-über-die-Straße ist eine *Phase* (d.i. ein zeitlicher Teil) einer Bewegung, die wir Handlung nennen, und die sich im Abschluss meines Einkaufens erschöpft hat – wobei gilt, dass ich deshalb über die Straße gehe, um einkaufen zu gehen, da ich weiß, dass mein Über-die-Straße-Gehen ein Teil dessen ist, was es im vorliegenden Fall heißt, einkaufen zu gehen.[2] Was Flusser im Kontext dieser handlungstheoretischen Reformulierung mit ‚reiner Güte' meinen muss, ist folgendes: Es gibt letzte Gründe, die wir für Handlungserklärungen angeben; sie ‚stoppen' gewissermaßen den ansonsten infiniten Regress, dass wir nämlich immer noch weitere Gründe für Handlungen angeben könnten. Bei Handlungserklärungen, die ich hier etwas salopp als Angabe eines letzten Grundes bezeichne, verhält es sich so, dass jede Antwort eine Antwort zu viel wäre. Wenn man mich fragt, warum ich Freundschaften pflege oder liebevoll mit meinen Kindern umgehe, so kann es darauf keine sinnvolle Antwort geben – jede Antwort wäre hier entlarvend (sie wäre nämlich Ausdruck der Tatsache, dass ich gar keine Freundschaften pflege und gar nicht liebevoll mit meinen Kindern

---

[2] Vgl. zu diesen Anscombianischen Überlegungen weitergehend Rödl (2005), v. a. Teil 2.

umgehe); auf eine ‚warum'-Frage in diesem Kontext kann ich den Fragenden in Wahrheit nur darauf hinweisen, dass diese Frage eine unverständliche Frage ist. In vergleichbarer Weise denkt Flusser vom Design, dass es nur auf die Frage der Realisierung eines *gegebenen* Zwecks bezogen ist, aber der Zweck *selbst* nicht selbst in Reichweite des Designs ist. Weiter in der handlungstheoretischen Beschreibung gesagt: Die Frage, warum ich etwas tue, kann nie Thema des Designs werden, sondern immer nur, wie ich etwas tue.

Um es deutlich zu sagen: Flussers Kritik ist dahingehend unzutreffend, dass es durchaus Zwecke geben kann, die der richtigen Mittel bedürfen – und Mittel, die in bestimmter Weise intim auf spezifische Zwecke bezogen sind. Er hat aber meines Erachtens Recht darin, dass die Logik des Designs prinzipiell eine Logik der Mittel und nicht der Zwecke ist. Das Argument dafür scheint mir so schlicht wie schlagend zu sein: *Etwas hört nicht schon deshalb auf, ein Design-gegenstand zu sein, weil es moralischen, politischen usf. ‚schlechten' Zwecken dient.* Wir würden nicht sagen, dass Massenvernichtungswaffen, (hypothetische) industriell hergestellte Folterinstrumente, Propaganda-Plakate aus dem Dritten Reich Gegenstände sind, die nicht Designgegenstände wären. Und weitergehend würden wir von diesen Gegenständen eventuell sogar sagen können, dass sie als Designgegenstände gut – im Sinne von gut gemacht – sind. Wenn es aber so ist, dass etwas gut qua der Art von Gegenstand ist, der es zugehört, und trotzdem moralisch schlecht und politisch verwerflich ist, so zeigt das an, dass es keinen internen Bezug zwischen einer instrumentellen, funktionalen usf. Beurteilung und einer moralischen Beurteilung des Gegenstandes gibt. Beide Beurteilungen können auf einen Designgegenstand angewandt werden, aber (wenn Flusser Recht hat) beide haben eigentlich mit Blick auf Design insofern wenig mit-einander zu tun, als wir eben ein ‚gut gemacht' von einem ‚gut' im moralischen Sinne unterscheiden müssen. Genau weil die Orientierung an einem nicht länger instrumentell ‚Guten' tendenziell außerhalb der Reichweite des Designs liegen könnte, werden Diskurse über die persönliche Verantwortung und die Designer-persönlichkeit relevant. Man muss nicht an die Verantwortlichkeit des Einzelnen appellieren, wenn die Frage, ob etwas gut oder schlecht ist, eine Frage ist, auf die die entsprechende Praxis intern bezogen ist.[3]

---

[3] Meine Skizze ist hier natürlich zugespitzt und sehr im polemischen Geiste Flussers. Vgl. als umfassendere und differenziertere Analyse mit Blick auf die ethischen Valenzen des Designbereichs des Kommunikationsdesigns Schweppenhäuser und Bauer (2017).

Auf den ersten Blick scheint Lucius Burckhardt, der neben Papanek sicherlich als einer der wesentlichen Vorreiter des Social Design zu begreifen ist, die Gegenthese gegenüber Flusser zu vertreten (vgl. Burckhardt, 2010, v. a. S. 212 f.). Er weist zu Recht darauf hin, dass Designgegenstände nicht neutrale Mittel zu beliebigen Zwecken sind, sondern in sie selbst bereits Zwecke eingeschrieben sind; wenn das „Werkbund-Jahrbuch von 1914 [...] Kriegsschiffe als Gegenstände der Gestaltung [zeigt und] die Zeitschrift Werk im April 1976 die Kühltürme von Atomkraftwerken als eine reizvolle Aufgabe für Architekten" (Burckhardt, 2010, S. 212), so gilt aus seiner Perspektive: Es sagt viel über den zugrunde liegenden Designbegriff aus, wenn man ihn so formal versteht, dass er derart beliebige Gegenstände und Zwecke aufnehmen kann. Auf den zweiten Blick allerdings könnte man (in einer sicherlich mit Blick auf Burckhardt unfreundlichen Lesart) mit Flusser aber Folgendes geltend machen: Burckhardt holt dem Anspruch nach zwar die Zwecke der Gestaltung derart in den Gestaltungsprozess selbst hinein, dass sie etwas sind, was wesentlich in diesem selbst neu verhandelt werden soll. Er spricht davon, dass das Design auch die institutionellen Aspekte der Gegenstände angehen muss und nicht allein die Gegenstände unter Ausblendung entsprechender Kontext. In Wahrheit aber macht er etwas anderes: *Anstatt dass das Design im Rahmen sozialer Aushandlungsprozesse in seinen Zwecken adressierbar würde, wird vielmehr das Soziale selbst in eine Mittel-Relation hineingezogen;* das Soziale erscheint nun (und nur) als etwas, das designbar ist – und Design droht damit, wenn Flusser Recht hat, Sozialtechnologie zu werden.

Wenn es gut gegangen ist, habe ich mit diesen Bemerkungen einerseits zur sozialen Dimension des Designs und andererseits zur Frage des ‚Guten‘ des Designs bereits selbst einige Züge dessen, worum es mir geht, exemplifiziert: ein dialektisches Denken hinsichtlich des Designs.[4] Dialektisch über Design nachzudenken heißt mit Blick auf Fragen des Social Designs und Fragen einer Ethik des Designs Folgendes: Design kann weder einfach auf die Seite der Emanzipation, noch auf die Seite der Ideologie geschlagen werden. Es ist sowohl Teil der Lösung, wie auch Teil des Problems. Wichtig ist dabei gleichwohl festzuhalten, dass das nicht im Sinne eines schalen ‚Sowohl-als-auch‘ verstanden werden darf – und auch nicht im Sinne des Gedankens, dass die Dinge irgendwie widersprüchlich sind und man es ihnen nur nachweisen muss. An beiden Bestimmungen ist falsch, dass sie formal daherkommen; Dialektik beginnt dort,

---

[4] Mit Blick auf das Social Design habe ich das etwas weiter ausgeführt in Feige (2019).

wo man sich von den Sachen belehren lassen kann – *ohne* sie aufs Ganze gesehen damit zu verteidigen oder abzuurteilen. Damit hat Dialektik durchaus etwas mit der Widersprüchlichkeit der Dinge zu tun – aber eben nicht als ein Inhalt, den sie mitbringen würde und an Dinge nach dem Vorbild einer Methode herantragen würde und damit schon im Vorhinein wüsste, was sie sind, sondern als etwas, was sich aus der Spannung des begrifflichen Zugriffs auf die Dinge und ihrem Einspruch dagegen ergibt.[5]

Ich möchte diese Motive unter Rückgriff auf Hegels Bestimmung von Dialektik genauer entwickeln, wie er sie in seiner *Phänomenologie des Geistes* in der Einleitung entfaltet hat und dabei zugleich auf Adornos Weiterentwicklung der entsprechenden Überlegungen hinweisen. Mittelbar geht es mir darum ausweisen, dass ein solches Denken begründungstheoretisch wie kritisch den in Designtheorie und -forschung grassierenden ,Methoden' (wie ihrer Verabschiedung von ,Methoden') überlegen ist. Damit möchte ich keineswegs das Anliegen torpedieren, eigenständige, designspezifische Theoriebildungen zu betreiben. Es geht mir allerdings sehr wohl darum festzuhalten, dass die vorherrschenden Positionen ihre eigenen Ansprüche nicht hinreichend rechtfertigen können und in dieser Weise drohen, entweder das Gegenteil dessen, was sie behaupten, zu verwirklichen oder etwas anderes als Theoriebildung zu werden (nämlich zum Beispiel PR für das Design oder Ausdruck einer Politik des Designs).

Warum ist Dialektik keine Methode? Hegel hält zu Beginn seiner *Phänomenologie des Geistes* fest: Wenn wir wissen wollen, was Wissen ist und wie es begründet werden kann, so dürfen wir uns nicht auf eine Methode verlassen, die uns einen sicheren Zugang zum Wissen verbürgen würde. Für Methoden ist charakteristisch, dass sie in bestimmter Weise gegenstandsinsensitiv sein müssen. Natürlich kann in empirischen Erhebungen in der Soziologie oder Psychologie nicht alles vorkommen; man kann z. B. nicht Daten mit Personen oder Pflanzen kombinieren – und unter das Elektronenmikroskop auch weder Begriffe, noch psychologische Zustände legen. Was ich mit Gegenstandsinsensitivität meine, ist vielmehr Folgendes: Die Methode ist für bestimmte Gegenstände gemacht, aber die jeweils einzelnen Gegenstände werden vorgängig auf ein Raster von Unterscheidungen gebracht, das die Methode vorgibt. In dieser Weise bestimmt sie vorgängig darüber, was überhaupt in dieser Methode auftauchen kann. Versteht man Designforschung nun in dieser Weise als Methode, so wäre das offen-

---

[5] Vgl. dazu weitergehend Adorno (2015).

sichtlich irrig; der offene, ungesicherte und auch im Vollzug nicht immer klare Prozess der Gestaltung ist nichts, was in dieser Weise methodisch sichergestellt werden kann; es handelt sich (in meinen Begriffen gesagt) beim Designprozess um eine ästhetische Praxis und ein ästhetisches Handeln und nicht um etwas, dessen Ergebnis methodisch sichergestellt werden kann.[6] Es wäre also bloßer Etikettenschwindel, wenn man das Spezifische der Designpraxis im Sinne einer Methode erläutern würde. Ebenso wäre es aber auch problematisch, diese Besonderheit auf die ganz und gar besondere Methode des Designs zu schieben und diese Schwierigkeiten damit zu einer neuen Explikation des Methoden-begriffs zu nutzen. Denn damit würde tendenziell der Begriff der Methode über-dehnt und sinnentleert. Daraus den Schluss zu ziehen, dass zumindest die Theorie des Designs methodisch gesichert sein muss; dass, wenn schon die Praxis es nicht ist, die Reflexion der Praxis es sein muss – auch dieser Schluss ist nach Hegel verbaut, denn sein Einwand ist grundsätzlicherer Art. Es ist ein meta-theoretischer Einwand, sprich: Hinsichtlich der Frage, wie wir zu begründetem Wissen gelangen, kann es keine Methode geben, denn diese würde das immer schon voraussetzen, was sie eigentlich begründen müsste (nämlich ihre konkreten Unterscheidungen). Darüber hinaus könnte sie niemals sicher sein, ob sie tatsäch-lich den in Frage stehenden Gegenstand erfasst, oder nicht allein den Gegenstand-unter-einer-bestimmten-Methode.[7]

Wie kommen wir demgegenüber zu einer begründeten Auffassung dessen, was Begriffe sind, was Theorien sind und auch, was wissen ist (mit Blick auf das Design, aber auch darüber hinaus)? Hegels Vorschlag besteht nicht darin, ein-fach positiv einen Vorschlag zu formulieren, sondern vielmehr darin, bestehende Konzeptionen von Wissen an den Ansprüchen, die sie selbst mitbringen, zu messen. Das hat zum einen den Vorteil, dass nicht einfach in undurchschauter Weise Versatzstücke von Theorien vorausgesetzt werden und Begriffe unkritisch übernommen werden (denn sehr vieles ist schon einmal gedacht und gesagt worden), sondern vielmehr der Begriff der Theorie, des Wissens und selbst der Begriff des Begriffs in Auseinandersetzung mit bestehenden Vorschlägen entwickelt werden. Es hat zum anderen aber auch den Vorteil, dass die ent-sprechenden Begriffe, da es sich ja um eine kritische Überprüfung der jeweiligen Positionen an ihren eigenen Maßstäben handelt, nicht blind übernommen werden,

---

[6] Vgl. dazu Feige (2018), v. a. Kap. 5.
[7] Vgl. zu diesen Kritikpunkten die Redeweise von Mittel oder Werkzeug in Hegel (1986, S. 69 f.).

sondern die bestehenden Theorien daraufhin befragt werden, ob sie tatsächlich verständlich machen können, was sie vorgeben, verständlich zu machen. Kurz gesagt: Dialektische Kritik muss immer eine Form *immanenter* Kritik sein.

Das ist nicht zuletzt deshalb nötig, weil es nur dann möglich ist, tatsächlich eine Position einzunehmen, die der entsprechenden kritisierten Position *überlegen* ist. Wir können sicher von folgender Annahme ausgehen: Bestimmte Designforscher*innen behaupten p, Vertreter*innen der Designsoziologie q und Designpsycholog*innen schließlich noch z. Warum kann man nicht aus dialektischer Perspektive sagen: Gut, es gibt halt verschiedene Standpunkte, alle sind gleichermaßen wahr? Das liegt nicht so sehr daran, dass dialektisches Denken die Wahrheit gepachtet hätte (das hat es gerade dezidiert nicht, sonst wäre es kein dialektisches Denken). Es liegt vielmehr daran, dass es reflexiv die Frage stellt, in welcher Weise die begrifflichen Voraussetzungen der jeweiligen Position sich widerspruchsfrei explizieren lassen. Dass das im Fall eines harmonisch und freundlich klingenden Perspektivismus nicht möglich ist, sollte leicht ersichtlich sein: p, q und z sind (was immer wir hier einsetzen – insofern es kategorial unterschiedlicher Art ist, gilt das folgende Argument) können nicht einfach als gleichermaßen berechtigte und wahre Perspektiven behandelt werden. Denn Perspektivität setzt nicht nur einen gemeinsamen Gegenstand der Bezugnahme voraus, sondern angesichts von Fällen sich offensichtlich widersprechender Aussagen verschiedener ‚Perspektiven' lässt sie sich eben nicht länger harmonisch und konfliktfrei erläutern (so wird eine Gendertheoretikerin, die über Design forscht, sicher etwas anderes und Gegenteiliges behaupten von dem, was eine Soziobiologin, die über Design forscht, sagt). Es bedarf hier mindestens eine Explikation von ‚Perspektivität', die über einen schlechten (weil selbstwidersprüchlichen) Relativismus hinausgeht.[8] Anders gesagt: Zu sagen, es gibt verschiedene, gleichberechtigte Perspektiven auf Design, kann *selbst* nicht wieder eine Perspektive unter anderen Perspektiven sein, sondern erhebt sich über diese und beansprucht eine Wahrheit auszusprechen, die für Perspektiven per se gültig ist. Eine dialektische Diskussion des Begriffs der ‚Perspektive' ist aber weder ein schlicht logisches Argument (das Argument der Selbstwidersprüchlichkeit), noch ein transzendentales Argument (das Argument, dass eine andere Grundlage der Theorie bereits als Bedingung der Möglichkeit dieser Theorie vorausgesetzt ist und es sich bei dieser Voraussetzung um etwas handelt, was notwendig in Theorien vorausgesetzt wird). Das tatsächlich beanspruchte Wissen,

---

[8] Vgl. dazu auch die Vorschläge in Volbers (2019).

das mit der These, dass man p oder q oder z als gleichberechtigte Perspektiven auf einen Gegenstand behaupten kann, vorausgesetzt ist, besagt, dass es entsprechende Perspektiven gibt. Und der Gedanke einer konstitutiven epistemischen Perspektivität zersetzt sich insofern an sich selbst, als er die Perspektivität nicht selbst wieder als Perspektivität explizieren kann. Das ist deshalb weder ein bloßes Argument der Selbstwidersprüchlichkeit, noch ein transzendentales Argument, weil es hier darum geht, was ein solcher Perspektivismus selbst glaubt, beanspruchen zu dürfen und dabei in Wahrheit, anderes als er glaubt, voraussetzt.

Diese kleine Dialektik der Perspektive zeigt, dass wir in unseren Wissensansprüchen Geltung beanspruchen müssen und dass die Integration und Diskussion verschiedener Positionen nicht in einen relativistisch erläuterten Perspektivismus münden kann, ohne sich selbst zu widersprechen (was nicht heißt, dass es eine Pluralität von Standpunkten geben kann, die aber eben höherstufig durch etwas, was nicht einfach plural ist, erläutert werden muss[9]). Hegels Vorschlag besteht darin, in der Überprüfung von Positionen an ihren eigenen Maßstäben diese an den Punkt zu treiben, wo sie sich derart an sich selbst zersetzen, dass sie in ihr Gegenteil umkippen. Weitergehend bringt er sie in der *Phänomenologie des Geistes* derart in eine systematische Reihe, dass er sie logisch auseinander folgen lässt. Dialektik ist damit keine Methode, sondern der Versuch, bestehende Konzeptionen derart einer Kritik zu unterziehen, dass sie daraufhin befragt werden, ob sie aus ihren eigenen Ansprüchen Sinn machen können – und dass sich in dieser gedanklichen Bewegung nicht allein die Positionen, die diskutiert werden, verändern, sondern damit notwendigerweise auch die Gegenstände (was Design für eine Soziobiologin ist, ist etwas ganz anderes als das, was es für eine Kulturwissenschaftlerin ist).

Ein solches Denken lässt sich wiederum im Rahmen von Adornos immanenter Kritik an Hegels Verständnis von Dialektik so fassen,[10] dass sich entsprechende Denkbewegungen nicht um sich selbst drehen (bei Lichte besehen hat Hegel so etwas auch nicht behauptet und Adornos Kritik ist hier eher unfair). Heute dialektisch zu denken heißt, jenes in unseren begrifflichen Auseinandersetzungen anzuerkennen, was selbst nicht länger in Begriffen aufgeht; ein Denken zu verfolgen, das sich von dem, worüber es nachdenkt, irritieren lassen kann; oder wie Adorno pointiert sagt: Die Aufgabe der Philosophie ist es, „über den Begriff

---

[9]Vgl. dazu die Überlegungen in Wellmer (1983), v. a. das Ende von Teil II.

[10]Vgl. zu Aspekten der Ergebnisse einer solchen Kritik auch Schweppenhäuser (2017), v. a. Kap. 3.

durch den Begriff hinauszugelangen." (Adorno, 2003, S. 27). Dabei gilt es festzuhalten, dass diese Irritationsfähigkeit nicht im Sinne des klassischen Empirismus als Erfahrungsgesättigtheit oder als empirisches Denken zu beschreiben ist. Natürlich ist es auch hier wichtig, im Denken auf Gegenstände in richtiger Weise bezogen zu sein – entweder im Nebenraum ist jemand oder nicht und wenn ich hingehe und dort jemanden treffe und sage, es sei niemand dort gewesen, habe ich entweder gelogen oder einen kognitiven Defekt. Aber Adornos Punkt ist grundsätzlicher: Es gilt, das in den Gegenständen anzuerkennen, was sich gegenüber der begrifflichen Artikulation sperrt. Das, was sich hier sperrt, sind nicht rohe empirische Daten oder etwas bloß Gegebenes; es kommt nicht daher, dass die Gegenstände so besonders wären, dass unsere begrifflichen Vermögen nicht an sie heranreichen würden. Anders gesagt: Das, was nicht im Begriff aufgeht, liegt nicht einfach außerhalb des Begriffs, sondern ist gewissermaßen sein interner Gegenstoß.[11] Dialektisches Denken ist damit auf die Spezifik der Gegenstände bezogen und versteht sie zugleich so, dass sie eine weitergehende Anforderung an das Denken selbst stellt: Nicht in falscher Weise einfach identifizierend Gegenstände unter abstrakte Begriffe zu subsumieren.

Ein solches Denken pocht einerseits darauf, begründungstheoretisch die eigenen Begriffe nicht nach dem Vorbild von Rastern oder Schemata zu begreifen, mit denen wir die Gegenstände der Welt, die erst einmal von Begriffen unbeleckt wären, irgendwie einzuordnen versuchen.[12] Andererseits pocht es darauf, dass Begriffe gewissermaßen intern porös sind; es gilt in unseren begrifflichen Artikulationen dem nachzuspüren, was nicht länger in ihnen aufgeht. Adorno versteht eine entsprechende Dialektik dabei so, dass es die gesellschaftlichen Pathologien, das Leiden, die Ausgrenzung und die Unterdrückung sind, die sich hier im Medium ihres Anderen, der begrifflichen Artikulation, Ausdruck verleihen müssen. Sie einfach beim Namen zu nennen oder gar ein besseres Leben positiv auszumalen, kann dabei nicht die Lösung sein, weil solche Vorgehensweisen das reproduzieren, was sie zu kritisieren vorgeben.

Ich halte diese mit dem dialektischen Denken verbundene Lektionen – sowohl in ihrem begründungstheoretischen Anspruch bei Hegel als auch in ihrer kritischen Stoßrichtung bei Adorno – für wesentliche Einsichten. Das ist nicht zuletzt deshalb so, weil die Dialektik eben nicht mit einem positiven Set von Axiomen, mit feststehenden Festlegungen usf. beginnt, sondern ein Denken

---

[11] Vgl. dazu weitergehend Feige (2021), v. a. das Ende von Kap. 3.
[12] Vgl. als Argumentation gegen dieses Bild auch Putnam (1982, S. 75 ff.).

im Anschmiegen an die Phänomene bei gleichzeitiger kritischer Distanzierbarkeit vorschlägt. Sowohl die begründungstheoretische, als auch die kritische Dimension geht dem, was heute unter Designforschung und auch zumeist unter ‚Designtheorie' firmiert, ab. Auch wenn ich das Versprechen hier nicht einlösen kann, diese Überlegungen im Detail zu entwickeln (und sie gemäß meinen eigenen Überlegungen am Ende des Tages natürlich genauer am Material durchführen müsste):[13] Zentrale Beiträge der Designforschung könnten letztlich selbst Ausdruck einer Logik des reibungslosen Funktionierens (wie sehr auch immer sie den ‚Funktionalismus' kritisieren mögen) und der Verwertbarkeit des Wissens sein.

Abschließend möchte ich auf eine Frage zu sprechen kommen, die sich sowohl mit Blick auf meine eingangs kursorisch ausgeführten inhaltlichen Bemerkungen zu Fragen der Politik und Ethik des Designs aufdrängt, als auch mit Blick auf meine Skizze dessen, was ich unter Dialektik verstehe: Die Frage, ob nicht Design *insgesamt* ideologisch sein könnte. Gerade ausgehend von Adornos Position scheint auf den ersten Blick ein solcher Schluss nicht abwegig zu sein; bekannt sind seine Polemiken gegen den Jazz, wo er einer gesamten Musikgattung attestiert hat, keiner weitergehenden differenzierten Betrachtung zu bedürfen, sondern schlichtweg einer frontalen Kritik.[14] In der Tat gibt es Fälle, wo sich das Denken von falschen Gegenständen derart affizieren lässt, dass es selbst falsch wird; wir können hier an schlichte Fälle wie Verschwörungstheorien oder Holocaustrelativieren denken. Auch für diese greift eine dialektische Kritik, weil sie gemessen an ihren eigenen Ansprüchen sich selbst widersprechen; allerdings ist es so, dass es sich hier klarerweise um ideologische Phänomene handelt und damit, was nur auf den ersten Blick aussieht, wie eine Überzeugung oder eine Meinung, aber etwas ganz anderes sein könnte (wobei dialektisch nicht vorausgesetzt werden darf, dass man schon vor der Durchführung der Kritik weiß, was das eine und was das andere ist). Warum nicht, nach dem Vorbild von Adornos vernichtender Jazzkritik, das Design in eine Reihe dieser Phänomene stellen?

Adorno selbst kann mit Blick auf das Design als Stichwortgeber für eine Kritik an dieser Kritik gelten: Er hat in seinem Aufsatz *Funktionalismus heute* nicht allein gezeigt,[15] dass die freie Kunst, herkömmlicherweise trotz und auf-

---

[13] Ein paar Bausteine einer solche Kritik finden sich in Feige (2018).

[14] Vgl. v. a. Adorno (1982).

[15] Vgl. Theodor W. Adorno, „Funktionalismus heute", in: Ders., *Kulturkritik und Gesellschaft I. Prismen. Ohne Leitbild*, Frankfurt am Main: Suhrkamp 1977, S. 375–395. Einige

grund ihrer praktischen Impotenz Hort eines negativen utopischen Bewusstseins für Adorno, selbst historisch Spuren des Funktionalen in sich trägt. Umgekehrt hat er gezeigt, dass die Architektur (und mittelbar auch das Design) nicht einfach im reibungslosen Funktionieren aufgehen, sondern ihre Widersprüchlichkeit zu den gesellschaftlichen Problemen und Pathologien in ihrer Spannung von Form und Funktion selbst thematisieren können. In dieser Weise scheint es mir ein verständliches Projekt zu sein, die Ambivalenz des Designs zu würdigen – als Medium der Emanzipation wie als Gefahr der Entmündigung und falschen Verdinglichung. Dialektisches Denken weist nicht allein darauf hin, dass das eine nicht ohne das andere zu haben ist. Es weist auch darauf hin, dass wir uns (anders als die Designforschung glaubt) niemals auf der sicheren Seite wähnen dürfen. Dialektisches Denken ist nicht nur das Denken einer Bewegung der Begriffe, sondern damit selbst ein Denken in Bewegung.

Literatur

Adorno, T. W. (2015). *Einführung in die Dialektik (1958)*. Suhrkamp.
Adorno, T. W. (1977). Funktionalismus heute. In T. W. Adorno (Hrsg.), *Kulturkritik und Gesellschaft I. Prismen. Ohne Leitbild* (S. 375–395). Suhrkamp.
Adorno, T. W. (1982). Über Jazz. In T. W. Adorno (Hrsg.), *Musikalische Schriften IV. Moments Musicaux. Impromptus* (S. 74–108). Suhrkamp.
Adorno, T. W. (2003). *Negative Dialektik*. Suhrkamp.
Banz, C. (2016). Zwischen Widerstand und Affirmation. Zur wachsenden Verzahnung von Design und Politik. In C. Banz (Hrsg.), *Social Design. Gestalten für die Transformation der Gesellschaft* (S. 11–26). transcript.
Burckhardt, L. (2010). Design ist unsichtbar. In K. T. Edelmann & G. Terstiege (Hrsg.), *Gestaltung Denken. Grundlagentexte zu Architektur und Design* (S. 211–217). Birkhäuser.
Feige, D. M. (2018). *Design. Eine philosophische Analyse*. Suhrkamp.
Feige, D. M. (2019). Zur Dialektik des Social Design. In D. M. Feige (Hrsg.), *Studienhefte Problemorientiertes Design 9*. Adocs.
Feige, D. M. (2021). *Die Natur des Menschen. Eine dialektische Anthropologie*. Suhrkamp.
Flusser, V. (1993). *Vom Stand der Dinge. Eine Philosophie des Designs*. Steidl.

Motive dieser Überlegungen hat im Anschluss auch an Albrecht Wellmers Rückgriff auf Adornos Überlegungen mit Wellmer, „Kunst und industrielle Produktion" Felix Kosok versucht weiterzuentwickeln. Vgl. Felix Kosok, *Form, Funktion und Freiheit. Über die ästhetisch-politische Dimension des Designs*, Bielefeld: Transcript 2021.

Hegel, G. W. F. (1986). *Phänomenologie des Geistes*. Suhrkamp.

Kosok, F. (2021). *Form, Funktion und Freiheit. Über die ästhetisch-politische Dimension des Designs*. transcript.

Latour, B., et al. (2009). Ein vorsichtiger Prometheus. In S. van Tuinen (Hrsg.), *Die Vermessung des Ungeheuren. Philosophie nach Peter Sloterdijk* (S. 357–374). Fink.

Mareis, C. (2010). Entwerfen – Wissen – Produzieren. Designforschung im Anwendungskontext. In C. Mareis, G. Joost, & K. Kimpel (Hrsg.), *Entwerfen – Wissen – Produzieren. Designforschung im Anwendungskontext* (S. 9–32). transcript.

Putnam, H. (1982). *Vernunft, Wahrheit und Geschichte*. Suhrkamp.

Rödl, S. (2005). *Kategorien des Zeitlichen. Eine Untersuchung der Formen des endlichen Verstandes*. Suhrkamp.

Schweppenhäuser, G. (2017). *Theodor W. Adorno zur Einführung*. Junius.

Schweppenhäuser, G., & Bauer, C. (2017). *Ethik im Kommunikationsdesign. Verständigung, Verantwortung und Orientierung als Kriterien visueller Gestaltung*. Königshausen & Neumann.

Volbers, J. (2019). Schwerpunktheft Perspektivität. *Allgemeine Zeitschrift für Philosophie, 44*, S. 241–370.

Wellmer, A. (1983). Kultur und industrielle Produktion. Zur Dialektik von Moderne und Postmoderne. *Merkur, 37*, S. 133–145.

Daniel Martin Feige, Prof. Dr. phil. habil., lehrt Philosophie und Ästhetik in der Fachgruppe Design der Staatlichen Akademie der Bildenden Künste Stuttgart. Er ist stellvertretender kommissarischer Leiter des Weißenhof-Instituts. Neuere Veröffentlichungen: *Die Natur des Menschen. Eine dialektische Anthropologie* (Berlin: Suhrkamp 2022); *Die Kunst und die Künste. Ein Kompendium zur Kunsttheorie der Gegenwart* (mit Georg W. Bertram und Stefan Deines, Berlin: Suhrkamp 2021); *Musik für Designer* (Stuttgart: AV Edition 2021); *Philosophie des Designs* (Hrsg. mit Florian Arnold u. Markus Rautzenberg, Bielefeld: Transcript, 2020); *Ästhetik des Designs* (Hrsg. mit Florian Arnold und Franziska Wildt, Schwerpunktheft der *Zeitschrift für Ästhetik und Allgemeine Kunstwissenschaft* 65/2 (2020)); *Design. Eine philosophische Analyse* (Berlin: Suhrkamp, 2. Aufl. 2019); *Computerspiele. Eine Ästhetik* (Berlin: Suhrkamp 2015); *Philosophie des Jazz* (Berlin: Suhrkamp, 3. Aufl. 2014); *Kunst als Selbstverständigung* (Münster: Mentis 2012).

Printed in the United States
by Baker & Taylor Publisher Services